Vielfältige Segnungen

Achtzehn kurze Lesungen

Edward Hoare

Writat

Diese Ausgabe erschien im Jahr 2024

ISBN: 9789359940878

Herausgegeben von
Writat
E-Mail: info@writat.com

Inhalt

VORWORT

DIESE kurzen Lesungen, die jetzt zum ersten Mal veröffentlicht werden, sind Auszüge aus den schriftlichen Predigten des verstorbenen Rev. E. Hoare, Vikar der Heiligen Dreifaltigkeit, Tunbridge Wells von 1853 bis 1894, und Hon. Kanoniker von Canterbury. Sie sind Wort für Wort seinem ursprünglichen Manuskript entnommen und wurden mit der Absicht ausgewählt, praktische Hilfe im christlichen Leben zu leisten. Viele von ihnen wurden vor langer Zeit geschrieben, aber die Hindernisse und Schwierigkeiten, mit denen der Christ konfrontiert wird, sind im Großen und Ganzen dieselben geblieben, und wir hoffen, dass die folgenden Seiten von Gott genutzt werden, um dem Leser den Herrn Jesus Christus als den Erlöser, Führer, und Helfer.

KAH

VIELFÄLTIGER SEGEN

„Du bist mein Versteck; Du wirst mich vor Not bewahren; Du sollst mich mit Liedern der Erlösung umgeben.

„Ich werde dich unterweisen und lehren auf dem Weg, den du gehen sollst; ich werde dich mit meinem Auge leiten." – Ps. xxxii. 7, 8.

MIT Recht sagen: „Gesegnet ist, wem die Sünde vergeben ist", denn jeder Segen fließt als Folge göttlicher Vergebung in die Seele. Das Wort, das im Hebräischen mit „Gesegnet" wiedergegeben wird, steht im Plural, um zu zeigen, dass es nicht nur einen Segen gibt, sondern vielfache Segnungen und vielfache Gnaden, die alle aus dieser einen Quelle, der Vergebung der Sünden, entspringen. Als David diese Worte schrieb, spürte er ihre Wahrheit. Er sprach von einem Geschenk, das er selbst erfahren hatte. Er hatte Gnade gefunden und verkündete daher ihren Reichtum. Wir wissen, wie schwer er in der Sache mit Bathseba und Uria fiel, und wir erinnern uns an Nathans Besuch. Nach diesem Besuch wurde dieser Psalm nach allgemeiner Auffassung geschrieben. Er hatte mit den Qualen unvergebener Sünden gekämpft, bis ihm schließlich durch den Propheten die Botschaft überbracht wurde: „Der Herr hat auch deine Sünde vergeben." [5] Kein Wunder also, dass er in diesem Danklied sein Herz ausschüttete und mit den Worten begann: „Gesegnet ist, wessen Übertretung vergeben, wessen Sünde bedeckt ist."

Aber es ist nicht bloß ein Dankpsalm, denn dem Titel nach war es ein Maschil, ein Psalm der Belehrung. Als David in Psalm 5 um Gnade flehte, sagte er, wenn er selbst Vergebung gefunden hätte, würde er dies zum Wohle anderer kundtun: „Dann werde ich die Übertreter Deine Wege lehren." [6] Nun also, nachdem ihm vergeben worden war, schrieb er diesen Psalm der Belehrung für andere.

„Gesegnet ist, wessen Übertretung vergeben, wessen Sünde bedeckt ist." Mit diesen Worten begann David seinen Psalm, und mit diesen Worten sagte er, was jede vergebene Seele von ganzem Herzen hinzufügen wird: „Amen."

Was war der besondere Charakter dieser Seligkeit? Aus den Versen 3 und 4 erfahren wir das schreckliche Elend einer Sünde, die nicht bereut und nicht vergeben wird. Wir erfahren, wie Davids Tränen durch die brennende Hitze eines schuldigen Gewissens getrocknet wurden und wie die schreckliche Last Tag und Nacht auf seiner Seele lastete. Im nächsten Vers erfahren wir dann das Geheimnis des großen Übergangs von Elend zu Frieden. Wir erfahren, wie er sich entschloss, keine weiteren Anstrengungen zu unternehmen, seine Schuld zu verbergen. Er beschloss, sie vor Gott zu bekennen und nicht länger zu versuchen, sie vor den Menschen zu verbergen. Das Ergebnis war eine vollständige, sichere und höchst barmherzige Vergebung. „Du hast mir die Missetat meiner Sünde vergeben", sagte er. Das Geschenk war ihm sicher, aber was war die unaussprechliche Seligkeit, zu der er zugelassen wurde, als ihm vergeben wurde?

Dies lernen wir aus den Worten unseres Textes, in denen wir den friedvollen Verkehr der vergebenen Seele mit Gott finden. Es ist dieser friedvolle Verkehr, der den wahren Test der Vergebung darstellt. Christus starb, der Gerechte für die Ungerechten, um uns zu Gott zu bringen: So werden diejenigen, die an diesem Sühnewerk teilhaben, tatsächlich zu Gott gebracht und zu dem gemacht, was der Psalmist „ein Volk nahe bei ihm" nennt. [7] So war es im Fall von David. Es gab nichts, was ihn länger auf Distanz hielt, und im vollen Frieden der vollständigen Versöhnung genoss er das unaussprechliche Privileg der Gemeinschaft mit Gott. Der Bericht über diese Gemeinschaft wird uns in den Versen unseres Textes gegeben, von denen wir im ersten die Worte des vergebenen Sünders an Gott finden, im zweiten die Antwort von Gott selbst.

I. DIE SPRACHE DER VERGEBENEN SEELE, DIE SICH AN GOTT WENDET .

Wer in der Ferne keinen Schutz vor dem rauen Sturm eines anklagenden Gewissens hatte, kann nun zu dem Gott aufblicken, der ihm vergeben hat, und sagen: „Du bist mein Versteck." Er findet seinen Schutz und seine Sicherheit in der Gegenwart des Gottes, dessen Gesetz er gebrochen hat. Er sagt nicht: „Du hast für ein Versteck gesorgt", sondern: „Du *bist* mein Versteck." Er, der schutzlos den schmerzhaften Schlägen seines eigenen Gewissens ausgesetzt gewesen war, bestätigt durch das gerechte Urteil des heiligen Gesetzes Gottes, war so vollständig wiederhergestellt worden, dass er in Gott selbst einen Zufluchtsort gefunden hatte.

In diesem heiligen Versteck erreichte er zweierlei: Sicherheit und Lobpreis. Als er dort verborgen war, war er sicher, so wie unser eigenes Leben sicher ist, wenn wir mit Christus in Gott verborgen sind, und deshalb konnte er sagen: „Du sollst mich beschützen", und als er dort verborgen war, lebte er in einer Atmosphäre der Dankbarkeit, also sagte er: „Du sollst mich mit Liedern der Erlösung umgeben." Ein Lied der Erlösung ist ein Lobgesang von jemandem, der erlöst wurde. Das Lied des Moses war ein Lied der Erlösung, als er am Ufer des Roten Meeres stand, nachdem er gesehen hatte, wie die Heerscharen Ägyptens von der Flut überwältigt wurden. [8a] Davids Lied war ein Lied der Erlösung, als Gott ihn aus der schrecklichen Grube heraufgeholt und ihm den Weg geebnet und ihm ein neues Lied in den Mund gelegt hatte. [8b] Das Lied der großen Menge vor dem Thron ist ein Lied der Erlösung, als sie, aus großer Trübsal herausgeführt, mit weißen Gewändern und Palmzweigen in den Händen bekleidet, singen: „Das Heil ist bei unserem Gott, der auf dem Thron sitzt, und bei dem Lamm." [8c]

Beachten Sie den Zusammenhang zwischen dieser Sicherheit und diesen Befreiungsliedern. Die Lieder sind nicht nur die Folge der Sicherheit, sondern ein Teil davon. Verborgen im Herrn sind wir von ihnen umgeben oder umgeben. Ganz gleich, in welche Richtung wir blicken, ob in der Hoffnung vorwärts, in der Erinnerung rückwärts oder im Vertrauen nach oben, in jeder Richtung gibt es etwas, das Lob hervorruft, und der Geist der Dankbarkeit ist an sich schon ein Schutz vor Angriffen.

In der Beschreibung des wiederhergestellten Zion besteht genau dieselbe Verbindung zwischen Lobpreis und Sicherheit: „Du sollst deine Mauern Heil nennen und deine Tore Lobpreis." [8d] Lobpreis wird hier als Teil der Verteidigung dargestellt. Der Feind kann nicht eintreten, weil das Tor mit Lobpreis erfüllt ist. Das Lied der Erlösung ist so herzlich und so laut, dass die Stimme des Versuchers nicht gehört wird. Und so lobt der vergebene Mensch, verborgen in Christus Jesus, Gott, weil er gerettet wurde, und bestätigt seine Sicherheit durch den Akt des Lobpreises. Lehrt uns das nicht eine Lektion hinsichtlich unserer eigenen Gemeinschaft mit Gott? Was auch immer das Herz belastet und den Geist beunruhigt, was auch der Sturm sein mag, der auf uns einschlägt, ob es nun Sorgen von außen oder das Gewissen von innen sind, ob es der Schmerz der Not oder der noch größere Schmerz des Sündenbewusstseins ist, der vergebene Mensch kann direkt zu Ihm gehen und sagen: „Ich fliehe zu Dir, um mich zu verstecken." [9a] Und wenn wir in Ihm verborgen sind, kann uns dann etwas wirklich verletzen? Ist Seine Erlösung nicht eine ausreichende Mauer? Soll irgend etwas, das uns wirklich schaden kann, durch jene Tore eintreten, die Er mit Lobpreis verschlossen hat? Dann mögen in heiligem Frieden die Lieder der Erlösung vor Ihm aufsteigen. Möge die unaussprechliche Seligkeit der göttlichen Rettung die Töne der Danksagung hervorrufen. Wenn die Gefangenen im inneren Kerker von Philippi den süßen Lobgesang hörten, [9b] sollte ihn dann nicht die ganze Gemeinde Gottes von denen hören, die in ihrem Herrn Zuflucht gefunden haben?

II. DIE ANTWORT DES HERRN AN DEN VERGEBENEN MANN.

Das waren also die Worte des vergebenen Mannes an Gott, der ihm vergeben hatte. Welche Antwort erhielt er? „Ich will dich unterweisen und dir den Weg zeigen, den du gehen sollst; ich will dich mit meinem Auge leiten." Sie werden bemerken, dass das, was hier versprochen wird, seine eigene göttliche Führung und Unterweisung ist, und Sie werden sofort erkennen, wie angemessen ein solches Versprechen unter den besonderen Umständen des Falles war. David war schwer gefallen. Er war früher auf Gottes Weg gegangen, war aber auf schrecklichste Weise davon abgewichen. Wir wissen nicht, was in seinem Kopf die Vorbereitungen waren. Vielleicht hatte er seine Schwäche vergessen; vielleicht war er zu selbstsicher geworden und fiel. Aber wir sehen, was Gott jetzt versprach, da er wiederhergestellt war. Er verpflichtete sich, ihn in Zukunft selbst zu bewahren, durch seine eigene Unterweisung und seine eigene Führung. Der Herr selbst verpflichtete sich, ihn zu leiten und ihn so vor der Gefahr eines weiteren Falls zu bewahren.

Dieses Versprechen enthält zwei Punkte. Es war *der* Weg, nicht *der* Weg, den Gott versprach, ihn zu führen. Als er auf dem schmalen Weg wandelte, ging Gott mit ihm dorthin und hielt ihn fest in seiner rechten Hand, bis die Reise vollendet war und der Rest am Ende ankam. Lassen Sie uns alle die Lektion lernen, dass Gottes Lehre nur auf dem Weg der Gebote Gottes zu finden ist. Wenn wir uns dafür entscheiden, einen Weg zu gehen, den wir selbst wählen, dürfen wir nicht auf die Führung des Herrn warten.

Beachten Sie auch, was ich die Zartheit des Versprechens und die Intimität der Beziehung nennen möchte. Gott sagt: „Ich werde dich mit meinem Auge führen.“

Als David in einem Zustand der Unbußfertigkeit lebte, war die starke Hand Gottes Tag und Nacht auf ihm. Aber jetzt genügt ein Blick. Es ist keine Kraft erforderlich. Das Herz ist zart, das Ohr ist offen, der Blick ist auf den Herrn Jesus gerichtet und die geringste Andeutung seines Willens genügt. Die Passage scheint das Auge des Herrn zu beschreiben, der über seine Kinder wacht, und die Augen seiner Kinder, die auf den Herrn gerichtet sind. Als der Herr Jesus Petrus ansah, muss Petrus ihn angeschaut haben, und ein einziger Blick brachte sein Herz zum Schmelzen. Und wenn der Herr uns führt, ist keine strenge oder gewaltsame Disziplin, kein Wind, kein Sturm oder kein Erdbeben nötig, denn die leise, leise Stimme reicht aus. Was nötig ist, ist, dass wir im Blick auf Jesus, den Urheber und Vollender unseres Glaubens, leben, danach streben, Seinen Willen zu erkennen, Sein Wort zu trinken, auf die Führung Seiner Vorsehung zu achten, die Grundsätze der Heiligen Schrift auf das gemeinsame Leben anzuwenden und so weiter Wir warten nicht, bis uns die Überzeugung aufgezwungen wird, sondern streben mit zartem Herzen und bereitem Verstand Stunde für Stunde danach, seinen Willen zu tun. Mit einer solchen Geisteshaltung können wir das heilige Versprechen verwirklichen: „Ich werde dich mit meinem Auge führen.“

So war also der Verkehr dieses vergebenen Menschen mit Gott. Wie nah, wie intim, wie heilig, wie gesegnet ist die Kommunion! Und wie vollständig muss die Vergebung gewesen sein, die den Weg dafür bereitet hat. Es scheint fast unmöglich zu glauben, dass dies derselbe Mann war, auf dem die Hand Gottes Tag und Nacht lastete, derselbe, dessen Knochen durch sein Brüllen den ganzen Tag über gealtert waren, dem jetzt vergeben wurde, der jetzt in einen glücklichen Verkehr mit Gott gebracht wurde. Lehrt dieser Abschnitt nicht eine wunderbare Lektion für jede Seele, der in Christus Jesus barmherzig vergeben wurde? Wenn wir an das kostbare Blut Christi denken und daran, wie der Herr die Sünde von uns allen auf ihn gelegt hat, können wir dann einen Moment lang annehmen, dass die uns geschenkte Vergebung weniger vollständig oder die Wiederherstellung weniger perfekt ist als die von David? Da in seinem Fall die unüberwindliche Barriere seiner Schuld so vollständig niedergerissen war, dass er in diese heilige und innige Gemeinschaft aufgenommen wurde, warum sollte einer von uns auf Distanz bleiben? Warum sollten wir, auch wir, nicht vor denselben Vater treten, um in ihm unseren Zufluchtsort zu finden und von ihm die gleiche gesegnete Zusicherung zu erhalten: „Ich werde dich mit meinem Auge führen"? Möge er uns mit dieser liebevollen Führung durchs Leben begleiten und über jeden unserer Schritte wachen, bis wir durch seine große Gnade vor Gefahren sicher sind.

Der Erlöser sucht den Sünder

„Wer von euch, der hundert Schafe hat und eines davon verliert, lässt nicht die neunundneunzig in der Wildnis zurück und geht dem Verlorenen nach, bis er es findet?" – LUKAS XV. 4.

Es gibt viele unter uns, die aufrichtig und gewissenhaft den Herrn suchen, deren Seelen unruhig sind und deren Herzen weit vom Frieden entfernt sind. Sie suchen nach Ihm, wenn sie Ihn vielleicht finden; aber sie sind wie Blinde, die nach der Mauer tappen, denn sie haben Ihn nicht gefunden, und sie haben keinen festen Ruheplatz für ihren Glauben. Sie haben viele Passagen über die Suche nach dem Herrn gelesen und sich bemüht, ihn zu suchen, aber sie sind zutiefst entmutigt.

Wechseln wir daher das Thema und überlegen wir nicht, wie sie den Herrn suchen sollen, sondern sehen wir, wie der Herr sie sucht. Schauen wir uns die göttliche Seite der Transaktion an, und statt uns mit dem Thema zu beschäftigen, dass der Sünder den Erlöser sucht, schauen wir uns die grenzenlose Gnade Gottes an, die der Erlöser zeigt, der den Sünder sucht.

Es ist das große Thema dieses Kapitels, das drei Illustrationen des einen Themas enthält und somit einen illustrierten Kommentar zu Seinen Worten bildet: „Der Sohn des Menschen ist gekommen, zu suchen und selig zu machen, was verloren ist." [13] Gemäß diesen Worten kam Er für die Verlorenen, und Er kam nicht nur, um sie zu retten, wenn es ihnen gelingen sollte, Ihn zu finden, sondern um sie zu suchen, damit Er retten kann. Er rettet nicht, ohne zu suchen, noch sucht Er, ohne zu retten. Lasst uns aus der Kombination der drei Illustrationen einige Lehren über den Verlust des Sünders und die Suche nach dem Erlöser ziehen.

DER VERLUST.

In allen drei Fällen soll der Gefundene verloren gegangen sein. Das Schaf war verloren. Die Münze war verloren. Der Sohn war verloren.

Wenn wir die Abbildungen im Detail studieren, werden wir erkennen, dass in diesem Kapitel drei Möglichkeiten beschrieben werden, wie dieser Verlust zustande kommt.

Im Fall des verlorenen Schafes ist es schlichte Unwissenheit und die Torheit, jedem vorbeiziehenden Objekt der Anziehung nachzujagen. Das wandernde Schaf hat nicht die besondere Absicht, sich zu verirren. Es macht sich nicht mit dem bewussten Wunsch los, wegzulaufen; es wird einfach Schritt für Schritt von jeder Anziehungskraft geleitet, die neben seinem Weg liegt. Und ist das nicht bei Tausenden von Menschen der Fall, die sich aus der Obhut des Hirten entfernt haben?

Im zweiten Gleichnis wird der Verlust durch die Nachlässigkeit anderer verursacht. Das Geldstück geht durch Nachlässigkeit verloren, ohne dass es ein eigenes Verschulden trifft. Die Person, die es in Obhut hatte, achtete nicht darauf, dass es sicher war. Wie viele Menschen befinden sich in genau dieser Lage? Sie sind, menschlich gesprochen, durch mangelnde Sorgfalt verloren gegangen.

Aber der dritte Charakter unterscheidet sich deutlich von den beiden anderen. Der verlorene Sohn ging verloren, weil er absichtlich und entschlossen das Haus seines Vaters verließ. Er war völlig anders als die wandernden Schafe, die ohne Plan von Stufe zu Stufe geführt wurden, denn er hatte einen Plan und führte ihn absichtlich aus. Dies ist also bei weitem das Schlimmste von allen dreien. Es stellt jemanden dar, der inmitten von Privilegien lebt, aber seinen Glauben bewusst ablehnt. Ihm werden Leben und Tod vor Augen geführt, und er wählt den Tod, oder auf jeden Fall das, was zum Tod führt. Oh! Wie wunderbar ist die grenzenlose Gnade und Barmherzigkeit unseres Gottes, dass Er sich alle Mühe gab, jeden zu suchen und zu retten, der so undankbar und so schuldig ist!

DIE SUCHE NACH DEM ERLÖSER.

Er sucht danach, indem er selbst als Menschensohn kommt. Der Hirte, der die Herde verlässt und in die Wüste geht, um den Wanderer zu suchen, ist ein Bild des Sohnes Gottes, der die Herrlichkeit verlässt, die er beim Vater hatte, bevor die Welt war, und diese gefallene Welt als Menschensohn besucht damit Er den Sünder suchen und durch sein Sühneblut retten könne. Wir werden seine Gnade, die uns sucht, nie verstehen, wenn wir nicht erkennen, dass seine große Tat bereits abgeschlossen ist. Dieses große vollendete Werk von ihm ist die Grundlage für alles, was folgt, und wenn wir das Geheimnis seiner Liebe verstehen wollen, die er uns sucht, müssen wir mit den beiden großen Tatsachen beginnen: Menschwerdung und Sühne. Warum wurde er Mensch? Warum wurde er in Bethlehem geboren? Liegt es nicht daran, dass Er in einer göttlichen Mission kam, um den Sünder zu suchen? Warum ist er gestorben? Warum stieß er am Kreuz diesen bitteren Schrei aus? War es nicht so, dass Er den Fluch aufheben und, nachdem er alle Barrieren niedergerissen hatte, die Freude haben könnte, den Verlorenen zum Haus des Vaters zu bringen? Ihr also, die ihr um eure Seelen besorgt seid und deren ernsthafter Wunsch es ist, aufgesucht und gerettet zu werden, denkt daran, was der Menschensohn bereits getan hat; auf die fertige Tatsache zurückgreifen; und vergessen Sie nie, dass, so zweifelhaft Sie auch an Ihrer eigenen Position sein mögen, es keinen Zweifel daran gibt, dass der Sohn Gottes gekommen ist, um den Verlorenen zu suchen und ihn durch sein Blut zu retten.

ER SUCHT DURCH MENSCHLICHES HANDELN.

Ich kann mir nicht vorstellen, dass die Frau, die eine Kerze anzündet und das Haus fegt, den Erlöser darstellt. Im Allgemeinen wird angenommen, dass sie, und ich denke, zu Recht, die Kirche darstellt. Wenn dies der Fall ist, kann es als Lehre dienen, wie die gesamte Kirche Christi sich voll und ganz der Erfüllung der heiligen Mission unseres gesegneten Herrn widmen sollte. Es ist nicht nur der Geist, der „Komm" [15] sagt, sondern die Braut und alle, die die Botschaft hören. Er ist Mensch geworden und für uns gestorben, aber wir müssen die Kerze anzünden, das Haus fegen und eifrig suchen, bis wir die Verlorenen finden. Wir müssen keine Mühe scheuen, um sie zu retten: Wir müssen sie aufspüren; wir müssen sie wissen lassen, dass es einen christlichen Freund gibt, der sich um ihre Rettung sorgt, und dass es nicht nur Freude unter den Engeln Gottes geben wird, sondern auch ein herzliches Willkommen unter Seinem Volk auf Erden für jeden armen Verlorenen, der in demütiger Reue zu den Füßen des gesegneten Erlösers gebracht wird, um dort Vergebung und Genesung zu finden.

Und was sollen wir zum dritten Gleichnis sagen, denn dort finden wir keine Erwähnung des Suchens? Aber wir finden die göttliche Tat am bemerkenswertesten dargestellt, denn dort können wir sehen, wie Gott selbst den Wanderer sucht. Wir sehen im Gleichnis nicht, dass der Vater es tut, aber wir sehen, wie Gott selbst es tatsächlich tut. Wir sehen dort das Wirken seiner Vorsehung und seines Geistes. Von seiner Vorsehung, denn der Vater im Himmel suchte und fand ihn, so wie er es jetzt mit Tausenden tut. Er nahm ihm eine Sache nach der anderen weg, bis alle Hoffnung dahin war, und er beneidete sogar die Schweine um ihre Mahlzeit. Gott suchte ihn, also zerschmetterte und zerschmetterte er ihn mit der Absicht, ihn zu retten.

Aber Gott hat viel mehr getan, als ihn nur in Schwierigkeiten zu bringen, denn Schwierigkeiten bewirken oft nur, dass er ihn verhärtet. Aber in diesem Fall suchte ihn der Geist Gottes, so dass es eine vom Geist gesegnete Not war und er mit gebrochenem Herzen dazu gebracht wurde, zu sagen: „Vater, ich habe gesündigt."

Sehen Sie, wie Gott selbst ihn suchte und ihn zur wahren Reue brachte. Er war weit weg von der Hand des Menschen. Er war für das Haus seines Vaters verloren. Aber Gott verlor ihn nie aus den Augen. Ein liebevolles Auge beobachtete ihn und liebevolle Fürsorge suchte ihn, sodass er, obwohl er für die Menschen verloren war, für Gott nicht verloren war, und sein Vater konnte schließlich mit vollem Herzen sagen: „Dieser mein Sohn war tot und ist wieder lebendig geworden; er war verloren und ist gefunden worden."

Eine göttliche Rettung

„Das Heil kommt vom Herrn." – JONA 2,9.

„Alles, was zum Leben und zur Frömmigkeit dient, hat uns seine göttliche Kraft geschenkt durch die Erkenntnis dessen, der uns berufen hat durch seine Herrlichkeit und Tugend." – 2. PETRUS 1,3.

NIEMAND kann seine Bibel lesen, ohne davon überzeugt zu sein, dass sie voller praktischer Ermahnungen zu menschlichem Verhalten und menschlichem Einsatz ist. Diejenigen, die den Herrn Jesus Christus suchen, werden aufgefordert, Buße zu tun, zu glauben, sich zu bekehren, zu suchen, zu kommen und weiterzumachen, um den Herrn kennenzulernen. Daraus folgt, dass wir, da wir sehr dazu neigen, immer nur eine Seite von irgendetwas zu sehen, eine große Tendenz haben, uns ausschließlich auf menschliches Handeln zu konzentrieren und zu ermahnen und zu überzeugen, als ob alles in unseren eigenen Händen wäre damit wir in der großen Angelegenheit der Erlösung unserer Seele genau das tun können, was uns gefällt und wann wir wollen. Die Menschen neigen dazu, über das Kommen zu Jesus zu schreiben und zu sprechen, als läge alles beim Sünder selbst. Aber auch wenn dies aus einer Wahrheit abgeleitet wird, ist dies nicht die ganze Wahrheit der Heiligen Schrift. Wir finden dort zweifellos die Warnung, das Angebot und die Einladung; aber wir finden auch die klare Beschreibung einer göttlichen Erlösung, den Plan göttlicher Weisheit und die Gabe göttlicher Gnade. Dementsprechend macht der heilige Petrus in dieser Passage [17] , wenn er sich an diejenigen wendet, die sich den kostbaren Glauben an sich selbst erworben haben, gleich zu Beginn seines Briefes vollkommen klar, dass sie ihn nicht durch die Kraft ihrer eigenen Energie erlangt haben. oder die Entschlossenheit ihres eigenen Willens, sondern durch die Macht Gottes, die Gabe Gottes und den Ruf Gottes, „wodurch ihnen überaus große und kostbare Verheißungen gegeben wurden." [18a]

Wenden wir daher unsere Aufmerksamkeit der göttlichen Seite dieser großen Transaktion zu und verfolgen wir in vier aufeinanderfolgenden Schritten den göttlichen Erlöser, die göttliche Erlösung, die göttliche Offenbarung und die göttliche Anwendung.

I. EIN GÖTTLICHER ERLÖSER .

Es ist jetzt nicht meine Aufgabe, die Göttlichkeit unseres Erlösers zu beweisen, denn ich gehe davon aus, dass wir alle die großen Wahrheiten des Christentums anerkennen. Was ich jetzt tun möchte, ist darauf hinzuweisen, dass wir, wenn wir überhaupt gerettet werden, von einer Person gerettet werden und dass diese Person göttlich ist. Der Herr Jesus Christus ist ein persönlicher Erlöser und als persönlicher Erlöser rettet er uns vor dem Tod durch die Sünde. Es ist ebenso eine persönliche Tat, wie wenn ein mutiger Schwimmer ins Meer springt und einen Ertrinkenden rettet.

Nun ist es klar, dass alles von der Natur und Macht der Person abhängt, die uns rettet. Wenn Er nur ein Mensch ist, können wir auf nichts anderes hoffen als auf eine von Menschen gemachte Erlösung. Die Erlösung wird sich nicht über den Erlöser erheben; aber wenn Er göttlich ist, dann können wir uns auf Seine göttliche Allmacht verlassen und auf die Macht Gottes zur Erlösung hoffen. Somit ist die Göttlichkeit des Herrn Jesus Christus für uns eine Frage von Leben und Tod. Die Frage ist, ob wir uns selbst retten oder von unserem Gott gerettet werden sollen. Und dies ist die Frage, die Er selbst aufwarf, als Er sagte: „Ich gebe ihnen ewiges Leben." [18b] Die Aussage dieser Passage ist, dass Er als Person Sein Volk in Seiner eigenen Hand hält und es mit allmächtiger Kraft hält, weil Er göttlich ist, denn Er und der Vater sind eins. Dies also ist sowohl das Fundament als auch der Schlussstein unseres Vertrauens. Wir können alle möglichen Schwierigkeiten sehen; Es mag von allen Seiten Verwirrung, Ratlosigkeit und Hilferufe geben, doch kraft seiner göttlichen Macht hat Gott uns einen göttlichen Erlöser geschickt, und auf diesen Erlöser können wir vertrauen, denn er ist Gottes Sohn.

II. EINE GÖTTLICHE ERLÖSUNG .

Der ganze Plan von Anfang bis Ende ist göttlich. Die Welt ist voller menschlicher Pläne, von denen einige erfolgreich sind und andere völlig scheitern. Ein Mensch ersinnt das eine und ein anderer das andere, aber Gott allein plante die große Erlösung. Es lag nicht in der Macht der zerstörten Natur, sich selbst wiederherzustellen, also lieferte er in grenzenloser Barmherzigkeit und in seiner eigenen göttlichen Allmacht einen Plan der Wiederherstellung. Somit ist der Zweck göttlich, sein eigener ewiger Zweck, bevor die Welt war; die Art der Versöhnung ist göttlich, die Erlösung des Sünders durch die Zurechnung der Sünde an den Sündenträger. Die Sühne war göttlich, „den Gott als Sühne hingestellt hat durch den Glauben an sein Blut." [20a] Die Zurechnung der Gerechtigkeit ist göttlich, „denn Gott hat ihn, der von keiner Sünde wusste, für uns zur Sünde gemacht, damit wir in ihm zur Gerechtigkeit Gottes würden." [20b]

Das Werk der Heiligung ist göttlich: „Aus Ihm seid ihr in Christus Jesus, der aus Gott für uns geschaffen ist. . . Heiligung;" [20c] und die letzte Versammlung der Auserwählten Gottes wird göttlich sein, denn „alle, die in den Gräbern sind, werden seine Stimme hören und werden hervorkommen." [20d]

Es ist äußerst wichtig, dies gut im Gedächtnis zu behalten, denn es stellt das Thema außerhalb der Sphäre menschlicher Spekulation. Wenn jemand ein neues philosophisches System beginnt oder wenn Menschen ein bestimmtes System in der Politik befürworten, steht es uns völlig frei, es zu kritisieren.

Was ein Mensch tut, kann ein anderer kritisieren. Aber mit der Erlösung durch Gott ist es etwas ganz anderes. Wenn man einmal zugibt, dass es sich um einen göttlichen Plan handelt, der in göttlicher Weisheit angeordnet und in göttlicher Macht ausgeführt wird, dann ist er offensichtlich außerhalb der Reichweite des menschlichen Verstandes. Es mag Dinge darin geben, die uns sehr geheimnisvoll erscheinen; aber was können wir sonst erwarten, wenn die unendlichen und göttlichen Anordnungen Gottes den Spekulationen des begrenzten menschlichen Verstandes unterworfen sind? Wenn die gesamte Erlösung von einer solchen Art wäre, dass sie dem menschlichen Fragesteller keine Schwierigkeiten bereiten würde, könnten wir beinahe an ihrer Göttlichkeit zweifeln und glauben, dass sie, da sie im Bereich des menschlichen Verstandes liegt, ihren Ursprung in menschlicher Erfindungsgabe hat. Doch wenn wir sehen, dass es außerhalb der Reichweite des Menschen liegt, dann lehrt uns unsere eigene Unfähigkeit, es zu begreifen, es als einen Plan zu betrachten, der über uns steht, aus dem einfachen Grund, dass es göttlich ist.

III. Göttliche Offenbarung .

Aber wenn wir anerkannt haben, dass der Erlöser und die Erlösung göttlich sind, bleibt noch eine weitere Frage von größter Bedeutung. Es ist das. Auf welche Weise wird der Menschheit diese göttliche Erlösung bekannt gemacht? Ist es durch menschliche Entdeckung oder durch göttliche Kommunikation bekannt? Wissen wir es, indem wir über das Thema nachdenken oder eine Offenbarung von Gott erhalten? Die Antwort auf diese Frage liegt sicherlich auf der Hand: Eine göttliche Erlösung kann nur durch eine göttliche Kommunikation erlangt werden. Die ewige Absicht Gottes kann nur durch göttliche Kommunikation von Ihm selbst erkannt werden. Eine übernatürliche Erlösung erfordert in der Natur der Dinge eine übernatürliche Kommunikation von Gott. So beschreibt ein Apostel [21] den Glauben nicht als *von* den Heiligen entdeckt, sondern als den Heiligen *überliefert* , ihnen übergeben, das heißt in Gottes eigenem inspirierten Wort. So wie Gott eine vollständige Erlösung geplant hat, so hat Er auch eine vollständige Offenbarung dieser Erlösung gegeben. Er hat uns nicht verlassen, damit wir danach tasten wie Blinde, die nach der Mauer tasten; sondern hat seinen Plan in seinem eigenen Wort offenbart und uns gelehrt, in der Schrift der Wahrheit als seiner eigenen Offenbarung seiner Gnadenabsicht zu verharren.

IV. Die göttliche Anwendung .

Für viele ist dies der schwierigste der vier Punkte, die zu Beginn genannt wurden. Sie sind vollkommen zufrieden mit dem göttlichen Erlöser, der göttlichen Erlösung und der göttlichen Offenbarung im Wort Gottes, haben aber keine geringen Schwierigkeiten, dies auf sich selbst anzuwenden. Sie können die Kette mit ihren drei Gliedern vom Himmel über ihren Köpfen herabhängen sehen, aber sie ist gerade außerhalb ihrer Reichweite, und wie ein armer sterbender Seemann einmal zu mir sagte: „Ich sehe das Seil, aber ich kann es nicht greifen." So sehen sie die Erlösung, können sie aber nicht als ihre eigene ergreifen. Wenn es jemanden gibt, der sich um dieses Thema sorgt und ernsthaft danach sehnt, die große Erlösung „zu ergreifen", sollten sie daran denken, dass sie wirklich wollen, dass *der Erlöser sie ergreift*, und genau das tut er praktisch durch die Kraft des Heiligen Geistes. Es ist die besondere Aufgabe des Heiligen Geistes, die Dinge des Herrn Jesus Christus zu nehmen und sie auf uns anzuwenden, und ohne diese Tat von ihm könnten wir vergeblich darum kämpfen, den Segen zu erlangen. Es genügt uns nicht, wenn man uns sagt, dass Gott uns einen vollkommenen Erlöser gegeben hat, dass dieser Erlöser ein vollkommenes Sühneopfer erbracht hat und dass uns kraft dieses Sühneopfers die große Erlösung als Geschenk angeboten wird. Wir können all dessen gewiss sein und dennoch ohne es weiterleben, denn wir brauchen zusätzlich das, was das menschliche Herz nicht in sich selbst finden kann, nämlich die Kraft, das Geschenk anzunehmen und, indem es es annimmt, zu leben. Durch diese gewaltige Kraft werden die Schlafenden geweckt, die Fernen werden nahe gebracht, die Sklaven werden befreit, die Toten werden lebendig gemacht und die Fremden und Ausgestoßenen werden durch das Blut Christi zu Erben Gottes gemacht.

Es gibt keinen Fall, der zu hoffnungslos für die Erlösung durch den Herrn wäre. Es gibt viele, die in ihren Bemühungen, aufzustehen, so völlig erfolglos waren, dass sie anfangen zu denken, es gäbe etwas Besonderes in ihnen, das sie zu einer Ausnahme von dem allgemeinen Angebot von Leben und Vergebung macht. Und es gibt andere, die sich nach der Erlösung eines hartnäckigen, ungebrochenen Herzens sehnen, die aber so lange und so hoffnungslos gesucht haben, dass sie fast zu verzweifeln beginnen. Ob Sie sich nun um sich selbst oder um andere sorgen, denken Sie an die Göttlichkeit der großen Erlösung. Wenn das Ganze göttlich ist, warum sollte es dann nicht ausreichen? Sie sagen, Sie sind tot, aber kann die göttliche Macht die Toten nicht auferwecken? Sie sagen, Ihre Sünden sind zu groß für die Vergebung, aber reicht die göttliche Sühne nicht für sie alle aus? Sie sagen, Sie können nicht einmal ein gutes Gebet hervorbringen, aber versichert Ihnen die göttliche Offenbarung nicht, dass die Erlösung ein kostenloses Geschenk ist, sogar für diejenigen, die nichts haben?

Geben Sie also jeden Gedanken daran auf, sich für die Erlösung zu engagieren, denn das ist ein rein menschlicher Prozess und wird mit Sicherheit scheitern, aber stürzen Sie sich, *bevor Sie gerettet werden*, sofort auf den Erretter für sein großes Geschenk der Erlösung. Denken Sie daran, dass das Ganze von Anfang bis Ende göttlich ist, und weil es göttlich ist, vertrauen

Sie ihm wie ein kleines Kind ohne die geringste Einschränkung, vertrauen
Sie dem Versprechen, nehmen Sie das Geschenk an und möge Gott
gewähren, dass Sie es als etwas nutzen können Machen Sie sich die Worte
des Textes zu eigen: „Nachdem mir seine göttliche Macht alles gegeben hat,
was zum Leben und zur Frömmigkeit gehört, durch die Erkenntnis dessen,
der *mich* zur Herrlichkeit und Tugend berufen hat.“

GEFÜHLE

„Liebe, Freude, Frieden." – GAL . V. 22.

GEFÜHLE haben eindeutig ihren Platz in den Dingen Gottes. Unser Christentum basiert auf Prinzipien, weckt aber dennoch Gefühle. Nun gibt es zwei große Extreme, in die wir in Bezug auf das christliche Gefühl leicht verfallen.

Es gibt einige, deren Religion offenbar nur aus Gefühlen besteht. Sie suchen nach warmen, strahlenden Emotionen, sie bringen alles in Einklang mit ihren Gefühlen und wenn sie das Gefühl haben, was sie tun möchten, sind sie zufrieden. Ihre Herzen werden durch die Dinge Gottes erwärmt, und mancher kalter, phlegmatischer Theologe wäre ein anderes Wesen, wenn er nur etwas von ihren Gefühlen erfassen könnte.

Aber wir müssen trotzdem Vorsicht walten lassen, denn Gefühlen, wie lebhaft sie auch sein mögen, kann man nicht trauen, wenn sie nicht aus Prinzipien entspringen und in die Praxis umgesetzt werden. Wenn man nur Gefühle hat – Gefühle, die nicht auf einer soliden Kenntnis der Wahrheit der Heiligen Schrift beruhen –, werden sie wie eine Seifenblase aufsteigen und in ihren Farben genauso schön aussehen, aber sie werden genauso leicht platzen wie die Seifenblase und können selbst in ihrem besten Zustand niemals dem geringsten Druck standhalten. Hier ist also ein Extrem – die Religion des Gefühls, der Emotion, des Eindrucks, die den Platz der Religion der Überzeugung, der Prinzipien, des Glaubens einnimmt.

Aber es gibt noch ein anderes Extrem: Ich meine die Religion ohne Gefühl. Manche scheinen zu denken, dass jede Emotion, jede Wärme oder jeder Eifer Enthusiasmus sei, und geben sich mit der kalten Aufnahme der christlichen Wahrheit zufrieden. Sie haben vielleicht recht mit ihrem Glauben und glauben vielleicht wirklich an alle großen Wahrheiten des Evangeliums, aber ihr System besteht darin, christlichen Gefühlen keinen Ausdruck zu verleihen, und das hat eine wunderbare Macht, alle um sie herum abzuschrecken.

Wir dürfen uns nicht mit einer gefühllosen Zustimmung zur christlichen Wahrheit zufrieden geben. Wir möchten die zärtliche Liebe unseres gnädigen Erlösers sowohl fühlen als auch wissen und das Herz wirklich erwärmen. Aber hier vermute ich, dass ich bei vielen von Ihnen auf große Schwierigkeiten stoßen werde, denn genau dieses Gefühl finden viele nicht. Du kannst verstehen, aber du kannst nicht fühlen. Ihr großes Problem besteht darin, dass in Ihrer ganzen Seele eine so schreckliche Apathie herrscht, dass nichts sie zu wecken scheint. Wenn dies der Fall ist, überlegen Sie:

I. Die Gefühle, wie warm sie auch sein mögen, können niemals rechtfertigen, und der Mangel an Gefühlen verhindert nicht die Rechtfertigung.

Ich habe Menschen kennengelernt, die schon vor langer Zeit jede Idee aufgegeben haben, durch *Werke gerechtfertigt zu werden*, und die immer noch insgeheim an der Idee festhalten, durch *Gefühle gerechtfertigt zu werden*. Wenn sie nur mehr spüren könnten – mehr Liebe, mehr Reue, mehr Wärme –, dann denken sie, sie könnten auf Christus vertrauen, wenn es um ihre Annahme geht. Sie denken, dass sie gelernt haben, Ihm zu vertrauen, wenn sie die entsprechenden Gefühle haben, aber ohne sie würden sie es nicht wagen, dies zu tun.

Bevor sie nun in Christus glücklich sein können, müssen sie einen Schritt tiefer gehen und lernen, Ihm zu vertrauen, wenn sie die Gefühle nicht haben, ebenso wie wenn sie welche haben. Sie müssen bedenken, dass unsere Rechtfertigung ganz von Seiner Sühne und Seiner Gerechtigkeit abhängt, und dass es sich daher um Sein freies Geschenk handelt, das Er denen gibt, die in Sünde tot sind. Ein Toter hat keine Gefühle. Wenn wir also auf unsere Rechtfertigung warten, bis wir die Gefühle haben, müssen wir warten, bis wir lebendig sind. Aber die Sprache der Heiligen Schrift lautet: „Gott, der reich ist an Barmherzigkeit, hat uns wegen seiner großen Liebe, mit der Er uns geliebt hat, auch als wir tot in Sünden waren, zusammen mit Christus lebendig gemacht." [26] Ihre einzige Hoffnung besteht daher darin, Ihm so zu vertrauen, wie Sie sind, und nicht zu warten, bis Sie ein Atom wärmer sind als in diesem Augenblick. Mit Ihrem Herzen, so kalt, wie Sie es jetzt fühlen, müssen Sie sich sofort vor Seine Füße werfen und rufen: „Herr, rette mich, ich gehe zugrunde."

Eng verbunden mit diesem Vorschlag ist ein anderer, nämlich dieser:

II. Wenn Sie etwas fühlen lassen möchten, dürfen Sie keine Zeit verlieren und sich dem Thron eines Vaters nähern.

Ihnen wird nie warm, wenn Sie zitternd außerhalb der Stadt stehen. Du musst hineingehen, auch wenn dir kalt ist, und dort dein Herz vom Herrn selbst erwärmen lassen. Denken Sie daran, dass das herzerwärmende Thema die zärtliche Liebe Gottes ist, wie sie in Christus Jesus zum Ausdruck kommt. Wenn die Liebe Christi bei Ihnen kein Gefühl hervorruft, wird es auch nichts anderes tun. Stehen Sie daher nicht fern und starren Sie auf Ihre eigene Kälte, sondern wenden Sie sich sofort dem Kreuz Christi zu. Studieren Sie Ihn im Garten, gebeugt unter der schweren Last der Sünde; Studieren Sie Ihn am Kreuz, der sogar vom Vater verlassen wurde, und denken Sie daran, dass alles, was für Sie getragen wurde, sogar für Sie. Denken Sie daran, dass es bei dieser großen Transaktion eine persönliche Verbindung zwischen Ihm und Ihnen gab, und bleiben Sie sozusagen im Blick auf den Herrn Jesus, auf Sein

Leben, auf Seine Sanftmut, auf Seine Bürde, auf Seinen Schrei. Beten Sie zu Gott, dass Ihnen Ihre Rolle in der ganzen Sache bewusst wird. Bekenne vor Ihm deinen eigenen kalten, toten, leblosen Zustand. Vertraue ihm, denn er ist für dich gestorben, um dich davor zu retten; und so können Sie hoffen, dass Sie, auch wenn Ihnen so kalt ist, wenn Sie sich ihm nähern, etwas von seiner Liebe erfahren, wenn Sie ihn anschauen, und sogar etwas von seiner Freude erfahren, wenn Sie Ihren Weg gerechtfertigt durch seine Gnade gehen.

III. DENKEN SIE DARAN, DASS DAS GEFÜHL EINE GABE DES HEILIGEN GEISTES IST UND DASS SIE SICH NICHT DAZU ANSTRENGEN KÖNNEN .

Es ist ganz klar das Werk des Heiligen Geistes, Gefühle hervorzurufen. Er wirkt nicht nur auf den Kopf, sondern auch auf das Herz. Er öffnet das Verständnis, aber seine große Aufgabe besteht darin, seinem Volk das Gefühl zu geben, was es bereits weiß. Somit sind von den neun Früchten des Geistes [27a] die ersten drei alle Emotionen. Ihr Sitz liegt weder im Kopf noch in der Praxis, sondern sie sind alle Gefühle des Herzens: „Liebe, Freude, Frieden." Sie alle führen zur Praxis und alle basieren auf Prinzipien, aber alle drei sind heilige Emotionen, die vom Heiligen Geist selbst eingepflanzt wurden.

Wenn dir also dein kaltes, gefühlloses Herz wirklich Kummer bereitet; wenn dein Herz sich darum quält, dass deine Sünden dich so wenig beunruhigen und du so kalte Gefühle gegenüber dem heiligen Erlöser hast, der so tief für dich mitgefühlt hat, dann sei nicht zufrieden, sondern wirf dich vor Gott, damit der Geist der Gnade und des Flehens dich befähigt, Ihn anzuschauen, den du durchbohrt hast, damit Er dir von den Dingen Jesu zeige, damit Er in deiner Seele Seine eigenen Früchte der Liebe, Freude und des Friedens hervorbringe und damit Er dir das Gebet des Apostels erhöre: „Der Gott der Hoffnung erfülle dich mit aller Freude und allem Frieden im Glauben."
[27b]

EIN FRIEDLICHES STERBEBETT

„Herr, nun lässt Du Deinen Knecht in Frieden scheiden, wie Du gesagt hast.

„Denn meine Augen haben Dein Heil gesehen." – LUKAS 2, 29 und 30.

UNSERE Gedanken sind oft auf die selige Aussicht auf die Wiederkunft unseres Herrn gerichtet, und es kann kein Zweifel daran bestehen, dass sein persönliches Kommen die größte Hoffnung der Kirche Gottes ist. Gleichzeitig ist es für uns äußerst wichtig, wenn ich es so ausdrücken darf, mit dem Gedanken des gegenwärtigen Himmels vertraut zu sein. Die Jüngsten unter uns können jeden Moment getötet werden, und die Alten unter uns müssen überzeugt sein, dass unsere Zeit kurz ist und dass unsere Plätze bald von anderen eingenommen werden müssen. Wir sollten daher wissen, wohin wir gehen und was uns erwartet, wenn „das irdische Haus dieser Stiftshütte aufgelöst wird." [28a]

Die Worte unseres Textes, die so oft in unseren Kirchen gesungen werden, drücken ein Gefühl aus, das, wie ich fürchte, vielen, die sie singen, völlig fremd ist, denn sie drücken die friedliche Bereitschaft aus, mit der Simeon seinem Tod entgegensah. Es sei ihm „durch den Heiligen Geist offenbart worden, dass er den Tod nicht sehen sollte, bevor er den Christus des Herrn gesehen hatte". [28b] Daher hatte er seine letzten Tage damit verbracht, auf den versprochenen Christus zu warten und zu warten, und schließlich, als das Kind im Tempel präsentiert wurde, sah er in diesem Kind den Messias, auf den er gewartet hatte, und dann ihn war, dass er, nachdem sich seine Hoffnung erfüllt hatte, Gott loben und sagen konnte: „Herr, nun lass dich, deinen Diener, in Frieden scheiden."

Seine Worte deuten auf drei Themen hin.

I. DIE HIER GEGEBENE SICHT AUF DEN TOD .

Er spricht nicht von Vernichtung, Zerstörung oder Betäubung, sondern von einem Aufbruch oder einer Versetzung von einem Ort zum anderen. Wenn ein Mensch diesen Ort verlassen und woanders hingehen würde, würde er einfach sein Zuhause wechseln. Bis er fortgeht, ist sein Zuhause hier, aber wenn er fortgeht, ist sein Zuhause woanders.

Ist es nicht genau dasselbe, wenn der Geist seine gegenwärtige Heimat verlässt und sich zum Bau Gottes begibt, dem Haus, das nicht mit Händen gemacht wurde und ewig im Himmel steht? In diesem Fall bedeutet der Abschied, wie auch bei einer irdischen Entfernung, den Fortbestand des Lebens. Daher freue ich mich über die vielen Passagen, in denen vom Tod als Abschied gesprochen wird. Es war eindeutig die Idee im Kopf des heiligen Paulus, als er sagte: „Ich hatte den Wunsch zu gehen" [29a] und noch einmal: „Die Zeit meines Weggangs ist nahe." [29b] Wenn diejenigen, die wir lieben, in fernen Ländern sind, sehen wir sie nicht, aber sie sind dort; unsere Augen können sie nicht sehen, noch können unsere Ohren ihre angenehmen Stimmen hören, denn sie sind weit weg, aber das führt uns nicht dazu, an ihrem Leben, ihrer Intelligenz oder ihrer Zuneigung zu zweifeln. Genauso ist es mit denen, die weg sind. Wir hören die Stimme nicht mehr und blicken nicht mehr auf das geliebte Antlitz, aber wir sind völlig davon überzeugt, dass sie als Geister woanders leben, dass Trennung keine Zerstörung bedeutet und dass Entfernung nicht die Verringerung der intelligenten Kräfte der Lebenden mit sich bringt Geist.

Aber wenn der Tod so ein Weggang ist, wo ist dann der Ort, wohin der Geist geht? Über diesen Punkt wird in der Heiligen Schrift ein Schleier geworfen. Wenn wir alles darüber wüssten, hätte das Wissen keinen Einfluss auf unser praktisches Verhalten, es wird also kein Wissen gegeben. Wir verlangen es auch nicht, denn eines wird uns gesagt, und dieses eine ist genug. Wenn wir uns dieser einen Sache sicher sind, wollen wir nichts mehr. Was ist denn das, was uns in Gottes heiligem Wort so deutlich offenbart wird? Wo finden wir einen Bericht darüber? Wenden wir uns der Sprache des Apostels Paulus zu: „Ich bin in der Zwickmühle und habe den Wunsch, abzureisen und bei Christus zu sein." [30a] Er wusste daher, dass er bei seinem Weggang gehen sollte, um bei Christus zu sein und sich bewusst an seiner spürbaren und niemals endenden Liebe zu erfreuen.

II. DER GEIST, IN DEM DER GLÄUBIGE STERBEN KANN .

Dies wird in den Worten Simeons beschrieben: „Lass deinen Diener in Frieden gehen." Simeon konnte seiner Sterbestunde in einem ruhigen Geist der Ruhe und des ruhenden Friedens entgegensehen. Wie oft liegt Sorge auf dem Herzen des sterbenden Gläubigen. Ein Vater mag seine Frau und seine Familie verlassen, deren Unterhalt von ihm abhängig war; oder eine Mutter ihre Kinder, in der festen Überzeugung, dass es keinen Ersatz für die Liebe einer Mutter gibt. Niemand soll annehmen, dass eine solche Trennung keine Glaubensprüfung darstellt und dass es in vielen Fällen nicht sehr schwer ist, zu vertrauen. Aber in Christus Jesus kann selbst bei einer solchen Trennung Frieden sein, und die sterbende Mutter kann, wenn sie ihren Erlöser kennt, ihr ganzes Leben in Seine liebevollen Hände legen und sagen: „Ich weiß, an wen ich geglaubt habe, und bin überzeugt, dass Er imstande ist, zu bewahren, was ich Ihm anvertraut habe." [30b] Sie hat ihre Kinder Seiner Obhut anvertraut. Sie sind ihr anvertrautes Gut bei Gott und sie kann in vollkommenem Frieden sein in der Gewissheit, dass *Er , obwohl sie* geht, bei ihr bleibt und ihr ein treuer Erlöser bleiben wird, bis jedes dieser geliebten Kinder sicher vor Seinem Thron präsentiert wird.

Niemand sollte denken, dass es nicht sehr ernst sei, zu sterben, plötzlich von allem, was wir jemals erlebt haben, abgeschnitten zu sein und allein in eine unsichtbare Welt aufzubrechen. Es kann daher nicht einfach sein, in Frieden zu sterben. Aber Gott sei Dank glauben wir, dass der scheidende Geist sofort in die liebevolle Gegenwart unseres Erlösers übergeht, und warum sollte es keinen Frieden geben? Ich glaube, es ist das Vergessen dieses persönlichen Eintritts in die persönliche Gegenwart eines persönlichen Erlösers, der manchmal die letzte Stunde zu verdunkeln scheint. Die Menschen vergessen diese wenigen Worte: „Du bist bei mir" [31a] und dann haben sie Angst. Aber wenn wir uns auf diese Worte verlassen und sie mit unserer sicheren Hoffnung verbinden, im Wissen, dass er jetzt unsichtbar bei uns ist und dass wir sichtbar bei ihm sein werden, dann werden wir in der Lage sein, wie Simeon zu sagen: „Herr." Nun lass Dich, Deinen Diener, in Frieden scheiden.

III. Die große Grundlage von Simeons friedlichem Vertrauen.

Seine Augen hatten die Erlösung Gottes gesehen. Was er wirklich gesehen hatte, war der verheißene Messias, das heißt der Christus des Herrn. Das kleine Kind war der versprochene Erlöser, und für ihn war der Erlöser die Erlösung. Die Person und die Gabe waren so eng miteinander verbunden, dass sie eine Einheit bildeten. Er könnte die Person ohne die Gabe nicht kennen oder die Gabe nur durch die Person genießen. So sprach unser Herr mehr als dreißig Jahre später von sich selbst als „der Erlösung" [31b] , als er sagte, als er das Haus des Zachäus betrat: „Heute ist diesem Haus die Erlösung zuteil geworden." Simeon hatte, was wir nicht haben können, etwas Materielles, mit dem er umgehen und das er betrachten konnte. Seine Hand konnte es fassen und sein Auge konnte das kleine Kind sehen; und es besteht kein Zweifel daran, dass im menschlichen Geist ein Verlangen nach etwas Sichtbarem, Greifbarem und Materiellem besteht. Aber wir haben nichts dergleichen; Wir können unsere Erlösung nicht in unseren Händen halten. Wir wollen es dort auch nicht haben. In den Händen unseres Herrn selbst ist es sicherer. Aber obwohl wir nicht sagen können: „Meine *Augen* haben es gesehen", können wir Gott sei Dank sagen: „Mein *Herz* hat es gesehen", und wir können die Worte verstehen: „Wen ich nicht gesehen habe, den liebt ihr." [32a] In diesem Abschnitt besteht genau die gleiche Verbindung zwischen dem Erlöser und der Erlösung. Wenn wir Ihn annehmen, empfangen wir die Erlösung, und wenn wir Ihn mit dem Auge des Glaubens betrachten, sehen wir sozusagen unsere Namen, die im Buch des Lebens geschrieben sind.

Den Erlöser zu sehen, ist eine sehr persönliche Angelegenheit. Es ist nicht nur so, dass wir ihn wie ein Denkmal auf einem fernen Hügel sehen, das wir bewundern, aber nie betreten können, oder wie einen Zufluchtsort, den wir nicht erreichen können. Es darf mit uns nicht so sein wie mit Bileam, als er sagte: „Ich werde ihn sehen, aber nicht nahe", [32b] denn die Einladung an uns ist, uns ihm zu nähern, und unser Vorrecht ist es, ihm in unserer innersten

Seele unser Herz auszuschütten, wie vor dem Einen, der alle seine Geheimnisse kennt und durch sein eigenes kostbarstes Blut alle seine Schuld ausgelöscht hat. Dies hat einen Schimmer heiligen Lichts in viele Sterbezimmer geworfen. Möge Gott gewähren, dass es mit jedem von uns genauso sein möge. Keiner von uns soll ruhen, bis wir sagen können: „Meine Augen haben dein Heil gesehen", bis wir nicht nur wissen, dass es einen Erlöser gibt, sondern auch sicher sein können, dass er uns gerettet und uns – gerade uns – zu Erben Gottes und Miterben mit sich selbst in seinem Königreich gemacht hat.

EIN FRIEDLICHES LEBEN

„Für mich ist Christus das Leben." – PHIL. 1, 21.

WIR haben uns mit dem Thema des friedlichen Sterbens beschäftigt und ich hoffe, wir haben gelernt, wie man stirbt. Wenden wir uns nun einem friedlichen Leben zu und versuchen wir zu lernen, wie man lebt. Diese beiden Dinge sind eng miteinander verbunden.

Lassen Sie uns untersuchen, was der heilige Paulus meinte, als er sagte: „Für mich ist Christus das Leben." Wenn es ein Objekt gibt, für das und in dem ein Mensch lebt, ist es nicht ungewöhnlich zu sagen, dass es sein Leben ist. Bis zu einem gewissen Grad erklärt dies den Ausdruck: „Für mich ist Christus das Leben", denn der Herr Jesus Christus war das einzige Objekt, das das ganze Leben des heiligen Paulus beherrschte. Er dachte an ihn, er stützte sich auf ihn, er vertraute auf ihn, er liebte ihn und er lebte für ihn. Er konnte nicht ohne ihn leben. Wenn wir uns das Thema genauer ansehen, finden wir drei Dinge, die uns in der Heiligen Schrift sehr klar gelehrt werden. Unser Leben ist *bei* ihm verborgen, *von* ihm abhängig und *ihm gewidmet* .

MIT IHM VERSTECKT

In dieser stürmischen Welt brauchen wir ständig ein Versteck, einen Schutz vor dem Sturm und einen Schutz vor dem Wind. Und so lesen wir in der großen Prophezeiung unseres Herrn und Erlösers, die in Jesaja offenbart wird, von Ihm: „Ein Mann soll sein wie ein Bergungsplatz vor dem Wind." [34a] Aber drei Jahrhunderte bevor Jesaja diese Prophezeiung aussprach, hatte David gelernt, sich unter Seiner Obhut zu verstecken, und sagte von Ihm: „Du bist mein Bergungsplatz." [34b] Das Problem, vor dem er sich versteckte, war die tiefe Überzeugung von Sünde. Infolge seiner Sünde hatte die Hand Gottes Tag und Nacht schwer auf ihm gelegen. Aber schließlich war die Schuld seiner großen Sünde ausgelöscht worden, und als vergebener Mensch konnte er Schutz bei dem Gott selbst finden, gegen den er gesündigt hatte. Er konnte sich in der Liebe dessen verstecken, gegen den er gesündigt hatte, und anstatt die Hand des Herrn schwer auf sich liegen zu spüren, konnte er sich an dem Gedanken erfreuen, dass eine Mauer des Lobes ihn umgab. In genau derselben Weise wird nun gesagt, unser Leben sei mit Christus verborgen. „Euer Leben ist mit Christus in Gott verborgen." [34c] Es ist nicht den rauhen Erschütterungen der Außenwelt ausgesetzt, sondern mit Ihm verborgen. Da *Er* unsichtbar ist, ist *es* unsichtbar; aber da *Er* sicher zur Rechten des Vaters sitzt, ist *es* auch sicher, da es in vollkommener Sicherheit als sicheres Pfand in der ewigen Treue Gottes aufbewahrt wird. Von der Sicherheit dieses Pfandes hängt unser ganzes Leben ab. Wenn es den geringsten Zweifel daran gäbe, wären wir wie Schiffe, die ohne Karte, Kompass oder Ankerplatz auf dem weiten Ozean treiben. Aber jetzt sind wir sicher, weil wir unauflöslich mit dem Erlöser verbunden sind, und unser Leben ist so vollständig mit Ihm verbunden, dass Er im nächsten Vers als „Christus, unser Leben" beschrieben wird. Er hält unser Leben in Seiner rechten Hand. Er ist die Quelle, der Ursprung und die Hauptquelle von allem, sodass wir die Worte des heiligen Johannes gut verstehen können: „Wer den Sohn hat, der hat das Leben." [34d]

VON IHM ABHÄNGIG

Im Herzen des Menschen gibt es einen Kampf um Unabhängigkeit. Die Tendenz des Tages besteht darin, jede Abhängigkeit und damit auch jede Unterwerfung abzuwerfen. „ *Ich* werde", „ *Ich* wähle", „ *Ich* denke", „ *Ich* entscheide", „ *Ich* bin entschlossen", ist die eigenständige Sprache dieser letzten Tage. Nun kann solch ein Mensch niemals sagen: „Für mich ist das Leben Christus." Wenn er etwas sagt, sollte es lauten: „Für mich ist das Leben ein Selbst!" Aber sehen Sie, welchen Kontrast es im Leben des Gläubigen gibt. Wenden Sie sich nur einer Passage im Galaterbrief zu. Dort findet man das „Ich" gekreuzigt; „Ich bin mit Christus gekreuzigt." [35] Aber obwohl das „Ich" gekreuzigt wird, gibt es ein Leben, das bleibt, denn „Trotzdem lebe ich." Und was ist nun der Charakter dieses bleibenden Lebens? Der letzte Teil des Verses beschreibt es: „Aber nicht ich, sondern Christus lebt in mir." Diese Worte erzählen von einem Leben in gewohnheitsmäßiger Abhängigkeit. Es hängt alles vom innewohnenden Erlöser ab. Sein Innewohnen, das ist das Leben, das ist das Geheimnis von allem. Aber wie wird dieses Innewohnen verwirklicht? Wie wird es angeeignet oder erlebt? Es ist klar, dass es nicht mit den Sinnen erkannt werden kann. Wir können Ihn nicht sehen, hören oder handhaben. Wir dürfen nicht nach etwas Materiellem suchen. Es ist hier auch nicht mit irgendetwas Sakramentalem verbunden; aber es wird als unaussprechlicher Segen eines beständigen Glaubens beschrieben: „Das Leben, das ich jetzt im Fleisch lebe, lebe ich durch den Glauben an den Sohn Gottes, der mich geliebt und sich selbst für mich hingegeben hat."

Wir dürfen den Abschnitt nicht verlassen, ohne zwei Tatsachen in Bezug auf diese Liebe zu erwähnen.

(1) Es wurde als Versöhnung gezeigt. Der heilige Paulus sagte nicht nur: „Der mich liebte", sondern fügte hinzu: „Der sich selbst für mich hingab." Es gibt viele Beweise seiner Liebe, aber der krönende Akt von allen ist die Versöhnung. Das vollständig gezahlte Lösegeld ist die einzige Hoffnung für den Gefangenen und der höchste Beweis für die Liebe des Erlösers.

(2) Die Liebe galt nicht nur allen, sondern laut dieser Passage auch „mir ". Ein Individuum ist eine bloße Einheit in einer Menschenmenge, nicht mehr als ein Sandkorn in einer ägyptischen Wüste; so dass es für einen Einzelnen sehr leicht scheint, in der Menge unterzugehen. Aber es ist die Aufgabe

Gottes, des Heiligen Geistes, das für *alle geleistete Werk* auf die besonderen Bedürfnisse *jedes Einzelnen anzuwenden* .

IHM VERWENDET

Der heilige Paulus konnte sagen: „Für mich ist Christus das Leben", denn er konnte auch ohne Zögern sagen, dass der einzige Gedanke seines Lebens die Herrlichkeit seines Erlösers war. Er lebte für ein Ziel, und dieses eine Ziel wird als sein Leben beschrieben. Heutzutage hören wir viel von Hingabe, und wir können nicht zu viel davon hören, wenn es nur an seinem richtigen Platz gehalten wird, denn es gibt unter uns viel zu wenig Hingabe an Gott. Hingabe ist die Hingabe des ganzen Lebens an den Herrn. Es ist, den Herrn immer vor Augen zu stellen in allem, wozu er uns aufruft. Wir sind von ihm geliebt, erlöst, berufen und gerettet worden; also sind wir jetzt sein. Wir gehören ihm ganz und gar. Unsere Kräfte gehören nicht mehr uns selbst, sondern unserem Herrn; wir sollten unser Leben nicht mehr für uns selbst, sondern für unseren Herrn verbringen, damit in uns der Zweck der erlösenden Liebe verwirklicht werden kann, wie er von Paulus beschrieben wird. „Er ist für alle gestorben, damit die, die leben, nicht mehr sich selbst leben, sondern dem, der für sie starb und auferstand." [37]

Sollen wir für uns selbst leben oder für seine Ehre? Zur Selbstbefriedigung oder zum glücklichen, heiligen, heiligen Dienst für Ihn, dem wir alles verdanken, was wir haben und alles, worauf wir hoffen, unserem gesegneten Herrn und Erlöser Jesus Christus?

DAS INWOHNEN DES HEILIGEN GEISTES

„Ihr kennt ihn; denn Er wohnt bei euch und wird in euch sein." – JOHANNES xiv. 17.

IN diesem Vers sprach unser Herr über das Wissen, das sein Volk hatte. Er sprach von der Gegenwart und der Zukunft; von dem, was sie damals hatten, als er bei ihnen war, und von dem, was sie nach dem Pfingsttag genießen würden, wenn er von ihnen genommen würde. In Bezug auf die Gegenwart sagt er: „Er wohnt" (oder: wohnt) bei euch oder unter euch; in Bezug auf die Zukunft sagt er: „Er wird in euch sein." Es gibt also eindeutig zwei große Themen, die zu berücksichtigen sind: das Wissen, das die Jünger hatten, als der Herr Jesus noch auf der Erde war, und das Wissen, das sein ganzes Volk seit dem Pfingsttag hatte.

I. ALS ER AUF DER ERDE WAR .

„Ihr kennt ihn, denn er wohnt bei euch."

Der Ausdruck beschreibt keine innere Vereinigung der Seele, sondern eine äußere Gemeinschaft. Die Bedeutung ist dieselbe wie die, als Johannes sagte: „Da steht einer unter euch, den ihr nicht kennt." [38] Da waren sie, eine kleine Gruppe von Jüngern, und mitten unter ihnen, in dem Raum, in dem sie versammelt waren, wohnte oder verweilte der Geist der Wahrheit.

Was war nun die Bedeutung dieser Erklärung? War es nicht diese? Dass der Heilige Geist zu dieser Zeit unter ihnen wohnte, verkörpert und manifestiert in der Person des Herrn Jesus Christus. Von ihm sagte Johannes der Täufer: „Gott gibt ihm den Geist nicht nach Maß." [39a] So sagte der heilige Paulus: „In ihm wohnt die ganze Fülle der Gottheit leibhaftig." [39b] Und der heilige Petrus lehrt uns, dass er mit dem Heiligen Geist gesalbt war und Gott mit ihm war. [39c]

Betrachten Sie also den Herrn Jesus Christus als Gott, der sich im Fleisch manifestiert, als die menschliche Manifestation des Geistes und der Kraft des Heiligen Geistes, und Sie werden sofort erkennen, dass der Geist der Wahrheit unter den Menschen wohnte, während er auf der Erde war Jünger. Wo der Herr Jesus war, da war der Geist; wo er wohnte, da wohnte der Geist; und als er und diese zwölf Jünger beim letzten Abendmahl zusammensaßen, konnte er über den Geist der Wahrheit sagen: „Ihr kennt ihn, denn er wohnt bei euch oder unter euch."

II. DAS WISSEN, DAS SEIN GANZES VOLK NACH SEINEM WEGGANG GENOSS .

Danach sollte es ganz anders sein. Es gibt eine gewaltige Veränderung, wenn unser Herr darüber spricht, was nach seinem Weggang geschehen soll. Es heißt nicht mehr „mit", sondern „in". Er würde nicht nur in ihrer Gesellschaft anwesend sein, sondern in ihren Seelen bleiben.

In diesem Versprechen gibt es drei Dinge, die unsere sorgfältige Beachtung erfordern.

(1) Das Versprechen gilt nicht für ein Unternehmen, eine Gesellschaft, eine Kirche oder eine Körperschaft von Menschen, sondern *für jeden Einzelnen* . Der Heilige Geist wird nicht nur inmitten einer Gemeinde sein, sondern ein heiliger Gast in jeder Seele. Das sieht man sehr deutlich an der Geschichte des Pfingsttages. [40] Der Heilige Geist kam über die Gemeinde, über die Kirche, denn Er erfüllte das ganze Haus, in dem sie saßen. Aber darüber hinaus gab es für jeden Anwesenden ein eigenes persönliches Geschenk, denn „es saß auf jedem von ihnen und sie wurden alle mit dem Heiligen Geist erfüllt."

(2) Die heilige Gabe ist nicht mehr an einem Ort lokalisiert oder wird dort besonders genossen. Solange der Herr Jesus unter denen war, wo er war, gab es die Gabe. Aber jetzt gibt es die Gabe, wo immer der Gläubige ist. Sehen Sie die unaussprechliche Seligkeit dieses heiligen Versprechens. Die Gabe des Geistes ist nicht auf diesen oder jenen Ort beschränkt. Sie ist das unschätzbare Vorrecht jedes einzelnen Gläubigen, wo immer er ist und in welche Position auch immer es Gott gefallen mag, sein Schicksal zu werfen. Sie mögen von den Gnadenmitteln abgeschnitten sein, an denen Sie sich erfreut haben, aber wo immer Sie sind, sind Sie nicht vom Geist der Wahrheit abgeschnitten, von der Innewohnen des Heiligen Geistes, denn er ist nicht auf Zeit, Ort oder Umstände beschränkt, und wohin auch immer Sie auf Geheiß des Herrn gehen, Sie werden seine Gegenwart mit sich tragen.

(3) Er wohnt *in* der Seele.

Es besteht ein großer Unterschied zwischen Seiner Gegenwart und der des treuesten und liebevollsten Freundes. Der Freund kann nur nach dem Äußeren urteilen: dem besorgten Blick, der Träne im Auge oder den Worten des Kummers. Doch der Geist der Wahrheit ist im Innern, und Er nimmt die inneren Geheimnisse der Seele wahr. Er wartet nicht auf äußere Anzeichen dessen, was vor sich geht. Die verborgenen Quellen des Denkens sind alle für Sein Auge offen: der geheime Schmerz, der nie jemandem zugeflüstert wird; die verborgene Hoffnung, die im Herzen schwelt; die subtile Versuchung, die unbemerkt zu wachsen beginnt, und die Sehnsucht der Seele nach einem höheren Leben – all diese Dinge sind für Ihn offen, und Er, der im Innern wohnt und alles kennt, was im Innern vorgeht, kann kontrollieren, kann leiten, kann heilen, kann helfen, kann jedes mögliche Bedürfnis stillen „gemäß seinem Reichtum in Herrlichkeit in Christus Jesus."
[41a]

Der unaussprechliche Segen des Pfingstgeschenks lässt sich also nicht in Worte fassen und wir können vollkommen verstehen, warum unser Herr sagte: „Es ist besser für euch, dass ich fortgehe."

Aber sehnen wir uns alle danach? „Natürlich tun wir das", sagen einige. Aber es ist überhaupt keine Selbstverständlichkeit. Im Gasthaus von Bethlehem war kein Platz für Christus, und in vielen Herzen ist kein Platz für den Geist der Wahrheit. Wenn Er in deiner Seele wohnt, wird Er dich demütigen und dich dazu bringen, „sich selbst zu verabscheuen und in Staub und Asche Buße zu tun". [41b] Wünschst du das? Wenn Er in dir wohnt, wird Er dich von der Welt entwöhnen und dich lehren, als jemand zu leben, der nach dem Königreich sucht. Wünschen Sie sich das? Wenn Er in dir wohnt, wird Er dich lehren, deinen eigenen Willen aufzugeben. Wünschen Sie sich das? Möchten Sie wirklich vom Heiligen Geist geführt und vom Heiligen Geist gelehrt werden, ein demütiges, sanftmütiges und unterwürfiges Kind Gottes zu werden? Ich fürchte, es gibt viele, die, wenn man das ganze Thema betrachtet, nicht bereit sind, Ihn vorbehaltlos willkommen zu heißen, und versucht sein würden, die Tür ihres Herzens vor Seinem Eintritt zu verschließen. Wenn die Tür überhaupt von ihnen geöffnet wird, wird sie nur angelehnt und nicht weit geöffnet, damit der König der Herrlichkeit in der Fülle Seiner Macht eintreten und alles herausbringen kann, was im Widerspruch zu Seinem Willen steht.

Aber ich glaube, dass es viele gibt, die nichts zurückhalten und sich mehr als alles andere danach sehnen, dass der Geist der Wahrheit ihre Seele ganz in Besitz nimmt. Ihr Problem ist nicht, dass sie es nicht wünschen, sondern dass sie es kaum für möglich halten können, dass Er jemals in einem Herzen wie dem ihren wohnen könnte. Sie finden dort so viel Sünde, dass sie es sich kaum vorstellen können, dass der Heilige Tröster nicht durch alles, was Er in ihnen sieht, von ihnen vertrieben werden könnte. Zweifellos gibt es genug, um Ihn betrübt und verärgert aus seiner Ruhestätte zu vertreiben, und wenn es nicht den ewigen Bund Gottes und das kostbare Blut Christi gäbe, könnte ich vollkommen verstehen, dass Er ein solches Herz nicht zu seiner Wohnstätte machen könnte. Aber das sühnende Blut ändert die ganze Sache. Das Blut Christi reißt jede Barriere nieder. Es ist ein neuer und lebendiger Weg [42], auf dem Sie nicht nur kühn in die Gegenwart Gottes eintreten können, sondern durch den der Geist Gottes in Ihr Herz eintreten und es als seine eigene Wohnstätte ganz in Besitz nehmen kann.

Wenn Sie sich danach sehnen, mit dem Heiligen Geist erfüllt zu werden, müssen Sie direkt auf das Kreuz Christi blicken. Sie müssen sich an die Fülle der Vergebung erinnern. Sie müssen darauf vertrauen, dass dieses Sühnopfer sogar die durch Ihre eigene dunkle Korruption errichtete Barriere niederreißt, und indem Sie sich auf dieses kostbare Blut berufen, müssen Sie alle Zugänge Ihrer Seele für den Geist der Wahrheit öffnen, damit er eintreten und dort die Oberhand gewinnen kann.

DER ZEUGE – DER FÜHRER – DER KOMMANDANT

„Siehe, ich habe ihn dem Volk zum Zeugen gegeben, zum Anführer und Befehlshaber des Volkes." – JESAJA . lv. 4.

ES wird oft gesagt, dass ein lebendiges Oberhaupt für das Wohlergehen einer lebendigen Kirche unerlässlich ist. Nichts kann klarer sein als die Lehre der Heiligen Schrift, dass unser lebendiges Haupt jetzt im Himmel ist und zur Rechten Gottes sitzt.

Als lebendiges Haupt wird unser gesegneter Erlöser hier vorhergesagt. Gott macht jedem hungrigen und dürstenden Herzen drei reiche Verheißungen: Leben, einen Bund und ein lebendiges Haupt. Leben, denn Er sagt: „Höre, und deine Seele wird leben." Ein Bund, denn Er sagt: „Ich werde einen ewigen Bund mit dir schließen." und ein Haupt, denn er fügt mit den Worten unseres Textes hinzu: „Siehe, ich habe ihn dem Volk zum Zeugen gegeben, zum Führer und Befehlshaber des Volkes."

Es könnte die Frage aufkommen: „Wer ist es, der hier als Zeuge genannt wird? Wer ist die Person, die das Volk als seinen Führer und Befehlshaber anerkennen soll?" Die Prophezeiung sagt David. Aber wir wissen, dass David eine typische Persönlichkeit war. Er war nicht bloß ein König, sondern ein Typus; ein Typus von Ihm, der sowohl sein Sohn als auch sein Herr sein sollte. Dementsprechend wird uns gelehrt, dass der Name David auf den Herrn Jesus angewendet wurde, denn wir finden die Worte, die der heilige Paulus auf Christus und seine Auferstehung anwendet. [44a] Wir werden dort gelehrt, dass Gott uns die sichere Gnade Davids schenkte, als er Christus von den Toten auferweckte. Der Herr Jesus Christus ist daher der Zeuge, Er ist der Führer und Er der Befehlshaber seines Volkes. Mit anderen Worten, der auferstandene Erlöser ist unser lebendiges Haupt.

Der Text lenkt uns daher auf Sein gegenwärtiges Handeln, nicht auf Seinen Tod oder gar Sein Leben vor Seinem Tod, sondern auf Seine gegenwärtige Stellung als Haupt zur Rechten Gottes. Er ist

EIN ZEUGE

Jemand, der ein wahres und treues Zeugnis ablegt. Das tat er während seines Erdenlebens, wie wir aus seinen eigenen Worten erfahren, als er vor Pilatus stand. „Ich bin dazu geboren und in die Welt gekommen, dass ich für die Wahrheit Zeugnis ablegen soll." [44b] Und dieselbe Eigenschaft behält er im Himmel, denn zu Beginn der Offenbarung des Johannes werden wir gelehrt, Gnade und Frieden „von Jesus Christus zu erwarten, dem treuen Zeugen, dem Erstgeborenen von den Toten und dem Fürsten der Könige der Erde."

[44c] Es ist klar, dass er als der „Erstgeborene", das heißt als der auferstandene Erlöser, jetzt als Zeuge auftritt.

Dies geschieht auf zweierlei Weise. Er ist ein Zeuge für die Welt, indem er Gottes großen Heilsplan bezeugt. Aber mehr noch: Er bezeugt das Herz jedes seiner Kinder, versichert ihnen seine Treue, bestätigt sie in seiner Wahrheit und tut, worum David ihn bat: „Sage meiner Seele: Ich bin dein Heil." [44d] Es gibt einen äußeren und einen inneren Zeugen; einen äußeren Zeugen in der Kraft seines Geistes, die sein Wort begleitet, und einen inneren Zeugen in den Seelen seines eigenen Volkes; verborgen vor der Welt und nur denen bekannt, die ihn genießen, jenes Zeugnis, von dem der heilige Johannes sprach, als er sagte: „Wer an den Sohn Gottes glaubt, hat das Zeugnis in sich selbst." [45a] Und dies kann uns eine wichtige Lektion in Bezug auf die wahre Natur des Glaubens lehren. Es ist Glaube, wenn wir das Zeugnis des Herrn Jesus als unzweifelhafte Wahrheit annehmen und ihm ohne Fragen einfach glauben. In seinem Wort werden schwierige Wahrheiten gelehrt, und einige davon stehen seltsamerweise im Widerspruch zur menschlichen Meinung; aber wahrer Glaube gibt alles auf und vertraut. Es bedeutet eine völlige Hingabe an Jesus Christus, den treuen Zeugen.

Er ist ein Anführer

Und wenn wir von Ihm als einem Führer sprechen, dürfen wir Sein Amt nicht bloß mit dem Gedanken des Krieges verbinden, denn es ist auch das Amt des Friedens. Wenn unser Herr sich mit dem Hirten vergleicht, sagt Er, Er „führe sie hinaus." [45b] Auch in der friedlichen Ruhe des Himmels wird Sein Amt als Führer nicht aufgegeben. Sogar dort gibt es eine führende Hand, denn als es dem heiligen Johannes gestattet war, hineinzuschauen und die große Menge vor dem Thron zu sehen, verwies ihn der Engel auf Worte aus der gesegneten Verheißung in Jesaja. [45c] Im Himmel ist daher die Verheißung sowohl erfüllt als auch bekannt. Sie ist erfüllt, denn dort werden die Heiligen Gottes durch das lebendige Wasser erfrischt; und sie ist bekannt, denn der Engel selbst lenkt, während er die Freuden des Himmels beschreibt, die Aufmerksamkeit auf die alte Prophezeiung und zeigt, wie sie in der friedlichen Szene um ihn herum ihre vollständige Erfüllung fand.

Was bedeutet es nun, wenn uns gelehrt wird, dass der Herr Jesus ein Führer für sein Volk ist? Es bedeutet viel mehr als nur zu lehren, und daher geht die Aufgabe des Führers weit über die des Zeugnisgebens hinaus. Es würde wenig nützen, einem Blinden die Windungen eines schmalen Pfades zu erklären. Aber es wäre ein Akt großer Güte, ihn an die Hand zu nehmen und ihn zu führen. Und das ist es, was unser Führer für uns tut, denn er sagt: „Ich werde die Blinden auf einen Weg führen, den sie nicht kennen." [46a]

Unseren stolzen Herzen mag die abhängige Stellung der Schwachen oder Blinden nicht gefallen; aber ob es uns gefällt oder nicht, wir sind beide blind und schwach, unfähig, unseren Weg inmitten der Verwirrungen des Lebens zu finden, und ebenso unfähig, uns allein sicher zu bewegen, selbst wenn der Weg entdeckt werden sollte. Aus Barmherzigkeit und zärtlicher Liebe hat Gott ihn daher zum Führer gemacht, und unsere Aufgabe ist es, dieses Geschenk anzunehmen und ihm zu vertrauen. Wenn wir in Verlegenheit geraten, in eine jener Lebenslagen, wo sich zwei Wege zu kreuzen scheinen, können wir vor ihm als unserem großen Führer niederfallen und sagen: „Um deines Namens willen, führe und leite mich." [46b] Wenn wir uns auf schlüpfrigen Wegen befinden und kaum wissen, wie wir stehen sollen, können wir in seine Gegenwart kommen und rufen: „Halte mich aufrecht, und ich werde sicher sein." [46c] Wenn uns verwirrende Lehren präsentiert werden und falsche Lehren um uns herum im Überfluss vorhanden sind, können wir sein Wort, das sein Zeugnis enthält, ausbreiten und sagen: „Zeige mir deine Wege, o Herr." [46d] Und wenn wir ins Tal der Todesschatten kommen, wenn uns keine menschliche Hand helfen kann und kein menschliches Mitgefühl unsere Bedürfnisse erfüllt, selbst dann können wir ganz sicher sein, dass unser großer Führer uns niemals verlassen wird. Doch wenn wir uns von allen Freunden hier auf Erden trennen und alle irdische Hilfe schwindet, können wir uns einfacher und fester als je zuvor auf Ihn stützen und sagen: „Und ob ich schon wanderte im Tal der Todesschatten, fürchte ich kein Unglück, denn du bist bei mir." [47a]

Also noch einmal für die Kirche Christi. Unser Los fällt in sehr schwierigen Zeiten, und die Herzen derjenigen, denen die Kirche Gottes wirklich am Herzen liegt, müssen oft von tiefer Sorge erfüllt sein. Es ist eine glückliche Sache zu wissen, dass Gott ihn zum Führer des Volkes und zum „Haupt aller Dinge der Kirche" ernannt hat. [47b] Wir können ihm daher vertrauen, dass er sich um seine eigene Wahrheit kümmert, und können sicher sein, dass er inmitten aller Wirrungen dieser letzten Tage sein eigenes Volk sicher bis zum Ende führen wird, bis jeder von ihnen vor Gott erscheint.

ER IST EIN KOMMANDANT

Von diesem Amt können wir nicht wie von dem letzten sagen, es gehöre zum Frieden, denn es ist ein Amt, das nur dem Kriege vorbehalten ist. Der Befehlshaber ist für das Schlachtfeld und noch mehr für den wohlgeordneten Feldzug zuständig. So wird uns unser Herr im Buch der Offenbarung als Befehlshaber vorgestellt. [47c] Dann erscheint er in seiner königlichen Gestalt und zugleich an der Spitze seines Heeres. Er begegnet allen Mächten der Welt, aber er ist von einer kleinen Schar Getreuer umgeben, die er zum Sieg führt.

Die Kirche Gottes muss auf Konflikte vorbereitet sein. Bis der Herr kommt, wird die Sünde der Kirche keinen Frieden geben. Bis Satan mit Füßen getreten ist, wird er in seinem tödlichen Kampf gegen den Herrn Jesus und seine kleine Herde niemals ruhen. Der Soldat Christi muss ein Kriegsmann sein.

Der große Befehlshaber wird seine eigenen auserwählten und treuen Anhänger haben – „die mit ihm sind, sind berufen und auserwählt und treu." [48a] Sie sind durch eine klare Trennlinie von der Welt abgegrenzt. Sie tragen seinen Namen; sie tragen seine Uniform; sie scharen sich um sein Banner; sie schämen sich seiner Schmach nicht; und wohin auch immer Er geht, es ist ihre Freude, Ihm zu folgen. Es gibt keinen Dienst wie den Seinen, keinen so perfekten Befehlshaber, keinen so edlen Kampf, keinen so sicheren und so glorreichen Sieg.

Wenn wir wirklich zu der auserwählten Gruppe treuer Anhänger gehören, muss unser einziger Maßstab im Leben der Wille unseres großen Kommandanten sein. Wir müssen auf jedes Signal von Ihm achten und keine Autorität außer Seiner anerkennen. Von Anfang bis Ende muss unser Geist der von Saul von Tarsus sein: „Herr, was soll ich tun?" [48b] Dies kann manchmal eine schmerzhafte Kapitulation bedeuten, eine Kapitulation der Bequemlichkeit und Neigung und, am härtesten von allen, die des Stolzes. Aber der Soldat in der irdischen Armee ergibt sich sofort seinem befehlshabenden Offizier, und wie viel mehr sollten wir, wenn Er uns zu seinem Volk erwählt hat, unsere Sünden durch sein Blut ausgelöscht hat, uns in seine eigene Gemeinschaft berufen und uns versiegelt hat Sein Siegel und hat uns zu Erben seines Königreichs gemacht?

Glaube und Anstrengung

„Unser Gott wird für uns kämpfen." – NEH . iv. 20.

Ich KANN mir nichts Besseres vorstellen, um ein Volk ruhiger, friedlicher und mutiger zu machen, als im Glauben sagen zu können: „Unser Gott wird für uns kämpfen." Wenn wir das sagen können, denken wir vielleicht an unser Land und können sicher sein, dass, was auch immer passiert, alles in Sicherheit ist. Wenn wir das sagen können, können wir auf Gottes Volk blicken, das für seine Wahrheit kämpft, manchmal sehr bedrängt und manchmal ziemlich entmutigt; Aber wenn wir auf Ihn schauen, den Gott als Führer und Befehlshaber des Volkes gegeben hat, können wir den Mut fassen, dass alles gut wird, denn Er ist unser Gott und Er wird für uns kämpfen. Oder wir schauen auf unsere eigenen persönlichen Schwierigkeiten, auf die äußere Versuchung, die uns umgibt, und auf die innere Neigung, nachzugeben, die uns ihrer Macht ständig ausgeliefert macht; und manchmal sind wir vielleicht bereit, die Frage zu stellen: Können Menschen wie wir jemals den Sieg erringen? Aber wenn wir nur im Glauben sagen können: „Unser Gott wird für uns kämpfen", dann können wir, so schwach wir auch sind, einem Triumph entgegensehen und schon vorher sagen: „Dank sei Gott, der uns den Sieg schenkt." "

Aber es gibt nur wenige Fälle, in denen diese Sprache des Glaubens angemessener war als die, die ursprünglich von Nehemia gesprochen wurde. Nehemia war einer der schönsten Charaktere der Geschichte. Ich kenne niemanden, bei dem praktische, geschäftsmäßige Gewohnheiten besser mit echtem, einfältigem, kindlichem Glauben verbunden waren. Als er als Mundschenk des Königs von Babylon fungierte, hörte er von der Verwüstung Jerusalems und erhielt die Erlaubnis, dorthin zurückzukehren, um die Mauern wieder aufzubauen und die Stadt wiederherzustellen. Die damaligen Juden waren so überaus schwach, dass die Zuschauer sie verspotteten. Doch als das Werk erst einmal begonnen hatte, tauschte sich Verachtung gegen Empörung aus, und Sanballat und andere „verschwörten sich alle zusammen, um gegen Jerusalem zu kämpfen und es zu behindern". Dann nutzte Nehemia diese Worte zur großen Ermutigung aller, die mit ihm arbeiteten, und sagte: „Unser Gott wird für uns kämpfen."

Aber obwohl er so mit der vollen Gewissheit des vertrauensvollen Glaubens sprach, ließ er sich durch diesen Glauben nicht zur Nachlässigkeit verleiten. Wahrer Glaube führt niemals zu Nachlässigkeit. Es regt immer zur Anstrengung an und weckt Männer zu hoffnungsvoller Energie. So war es auch im Fall von Nehemia, denn derselbe Vers, der die Zusicherung enthält, enthält auch den Geist der aktiven Vorbereitung. Wir werden das Verhalten Nehemias als Beispiel für die Verbindung von Glaube und Anstrengung untersuchen und zunächst seine Bemühungen und dann seinen Glauben untersuchen.

I. DIE UNTERNOMMENEN ANSTRENGUNGEN .

Es wurde unter sehr entmutigenden Umständen hergestellt. Die Stadt lag in Trümmern, die Mauern lagen in Schutt und Asche, und es gab nur wenige wiederhergestellte Gefangene, die sich für den Wiederaufbau einsetzen mussten. In welchem Geist machten sich diese schwachen Juden nun an die Arbeit?

(1) Sie haben alle zusammengearbeitet.

Es gab genau solch eine vereinte und harmonische Aktion, die wir in der Kirche Gottes bezeugen möchten. Es ist ein altes Sprichwort: „Einheit ist Stärke." In diesem Fall wurde die gesamte Mauer aufgeteilt und alle Klassen vereint. Zuerst kamen der Hohepriester und seine Brüder, dann die Männer von Jericho, bald darauf folgten die Zimmerleute, die Goldschmiede und die Apotheker. Dann kam der Herrscher über den halben Teil Jerusalems, gefolgt von Schallum und seinen Töchtern; weiter lesen wir von Baruch, der der ganzen Gesellschaft ein Beispiel gab, denn er reparierte den ihm anvertrauten Teil *eifrig , bis der Kreislauf endlich vollendet war.*

(2) Sie arbeiteten mit einem Willen.

Es gibt so etwas wie Arbeit ohne Willen. Es gibt die langweilige, faule Arbeit des Müßiggängers und die mechanische Arbeit derer, die sich nicht für das interessieren, worum es geht. Genau wie in der Religion gibt es die träge Ausführung einer Routine, die sich möglichst vom echten Ringen mit Gott im Glauben unterscheidet. Da ist keine Seele drin, und wer kann sich wundern, wenn es kein Ergebnis gibt? In diesem Fall kam es schnell zu Ergebnissen, und sie bauten die Mauer, und der Grund dafür wird angegeben: „Weil das Volk den Willen hatte, zu arbeiten." [51] Dies ist eine wichtige Lektion für jede christliche Anstrengung.

(3) Sie haben für ihre Arbeit echte Opfer gebracht. Es muss für diese Männer eine große Unannehmlichkeit gewesen sein, ihren eigenen Beruf aufzugeben und an der Mauer zu arbeiten; aber sie arbeiteten Tag und Nacht, bis sich die Mauer aus ihren Trümmern erhob. Oh, dass wir in der Kirche Gottes mehr von diesem Geist hätten! Wüssten wir doch besser, wie wir Ihm geben könnten, um uns selbst zu kneifen? Wir geben unsere Zeit, unser Geld, unsere mühevolle, wirklich selbstlose Arbeit, um Gott zu verherrlichen und zu zeigen, dass wir nicht für uns selbst leben, sondern für Ihn, der für uns gestorben und auferstanden ist.

II. IHR GLAUBE .

Dies zeigte sich auf drei Arten.

(1) Im Gebet.

Nehemia war ein Mann des Gebets. Wenn irgendein Problem aufkam, wandte sich sein Herz wie von einem heiligen Instinkt Gott zu, und als Tobija ihre Bemühungen verspottete, gab Nehemia keine grobe Antwort, sondern er wandte sein Herz nach oben und sagte: „Höre, unser Gott, denn wir sind verachtet." [52a] Wie viel erbitterter Streit könnte in der Welt vermieden werden, wenn die Menschen wie Nehemia handelten und, statt zu erwidern, ihre Provokationen vor Gott ausbreiteten.

Doch das Verhalten der Gegner verwandelte sich bald von Spott in Krieg, und es gab einen Plan, die steigenden Mauern anzugreifen. Aber der Angriff wurde genauso beantwortet wie die Beleidigung. In beiden Fällen widmete er sich dem Gebet. Ich kann mir kein besseres Beispiel für den betenden Gläubigen vorstellen als die Worte in Vers 9: „Und wir beteten zu unserem Gott und wachten Tag und Nacht über ihnen." Sie hörten von der Verschwörung und verbreiteten die Nachricht sofort vor Gott; Doch nachdem sie dies getan hatten, hielten sie das Gebet nicht für wichtiger als die Mühe, sondern richteten Tag und Nacht ihre Wache auf die Mauern. Hätten sie gewacht, ohne zu beten, hätten sie sich auf ihre eigene Voraussicht verlassen; und wenn sie ohne Wache gebetet hätten, hätten sie Gott versucht, sie zu verlassen. Aber sie wachten und beteten, und sie beteten und wachten, und so handelten sie im Geiste der Worte, die später zu uns gesprochen wurden: „Wachet und betet." [52b]

(2) Ihr Glaube zeigte sich auch in der Anerkennung dessen, was Gott für sie getan hatte. Der Glaube bittet Gott nicht nur um Hilfe, er erkennt sie auch an. Es dankt ihm für sein Handeln und fordert ihn zum Handeln auf; Als also die Gefahr vorüber war, sehen wir, dass Nehemia alles der guten Hand Gottes bei seinen Bemühungen zuschrieb. Er sagte nicht: „Als wir ihre Pläne vereitelt hatten", sondern „Als Gott ihren Rat zunichte gemacht hatte." [53]

(3) Der Glaube blickt in die Zukunft. Als alle Arbeiter auf ihren Posten waren; als die Bauleute arbeiteten und jeder sein Schwert umgürtet hatte; als der Trompeter neben dem Anführer stand, bereit, jederzeit Alarm zu schlagen; als die Stimme des Gebets Tag und Nacht entlang der gesamten Mauer zu hören war; als alles getan war, was der Mensch tun konnte – dann erhob sich das Herz über alles, was der Mensch getan hatte, und in ruhigem, zuversichtlichem Vertrauen versicherte Nehemia dem Volk: „Unser Gott wird für uns kämpfen." Er hatte Vorbereitungen getroffen, aber er vertraute auf Gott, dass er siegen würde. Er stand an der Spitze eines schwachen Volkes, aber er war der Diener des Allerhöchsten Gottes. Er wusste, dass die Schlacht nicht den Starken gehörte und das Rennen nicht den Schnellen; also setzte er seine Hoffnung auf die starke Hand seines Gottes und vertraute in einfachem Glauben darauf, dass er ihm den Sieg schenken würde.

DIE FREUDE DES HERRN

„Durch ihn haben auch wir im Glauben Zugang zu dieser Gnade, in der wir stehen und uns in der Hoffnung auf die Herrlichkeit Gottes freuen. Und nicht nur das, sondern wir rühmen uns auch der Drangsale." – RÖM. Vers 2, 3.

DIE Freude am Herrn ist ein Thema, das vielen zu Herzen geht. Einige freuen sich über den Herrn, während andere sich danach sehnen, daran teilzuhaben; Es ist ein Geschenk, nach dem sich ihr Herz sehnt.

Betrachten wir die wahre Grundlage wahrer, solider, wohlbegründeter Freude. In diesen beiden Versen werden die Freude und ihre Kraft beschrieben. Da ist die Freude, denn „wir freuen uns in der Hoffnung auf die Herrlichkeit Gottes", und da ist die Kraft dieser Freude, denn sie erhebt sich über die Sorgen des Lebens, und wir freuen uns „selbst in der Trübsal". Es gibt daher eine so strahlende Hoffnung auf die kommende Herrlichkeit, dass wir unseren Weg mit dankbarem Herzen fortsetzen und uns im Herrn freuen können; und es gibt eine solche Offenbarung der Liebe Christi in der Seele durch die Kraft des Heiligen Geistes, dass die Not der Trübsal überwunden wird und selbst inmitten des Kummers eine bleibende Freude in Christus Jesus, dem Herrn, herrschen kann.

Betrachten wir die Grundlage dieser Freude und sehen wir, wie sie die Folge unseres sicheren Standes in Christus Jesus ist. Wenn wir uns in der Hoffnung auf die Herrlichkeit Gottes freuen und uns sogar in der Trübsal freuen, ist diese Freude die Folge einer früheren Handlung und das Ergebnis unserer neuen Position. Wir haben Zugang oder Zulassung erhalten und stehen jetzt in seiner Gnade. Es ist das Stehen in dieser Gnade, das die Grundlage der Freude der Hoffnung ist. Dies führt uns zu der Frage: „Was ist die Gnade?"

Das Wort „Gnade" hat in der Heiligen Schrift unterschiedliche Bedeutungen. Manchmal ist damit das innere Wirken Gottes, des Heiligen Geistes, in der Seele gemeint, etwa wenn es heißt: „Wachse in der Gnade." [55a] Aber das kann nicht unser Standpunkt sein, aus dem einfachen Grund, weil es unvollkommen und variabel ist. Aber das ist nicht die einzige Bedeutung des Wortes, oder zumindest annähernd, denn es wird für jede große Gabe der Liebe und Barmherzigkeit verwendet, die Gott seinem Volk aus freien Stücken schenkt. Wir müssen darüber nachdenken, was das kostenlose Geschenk oder die Gunst ist, zu der wir Zugang hatten und die jetzt unser Standbein ist. Über diese Frage muss der Kontext entscheiden; und es scheint mir unmöglich, diesen Kontext zu studieren, ohne zu dem Schluss zu kommen, dass die Gnade, auf die hier Bezug genommen wird, diejenige ist, die jemals die wahre Ruhestätte für diejenigen sein muss, die von der Sünde überzeugt sind, eine Gerechtigkeit, die der freien Gnade Gottes zugeschrieben wird. [55b]

Dies ist also die Gnade, in der wir stehen, die Gnade der Zurechnung, das gnädige Geschenk einer Gerechtigkeit, die uns zugerechnet, angerechnet oder zugeschrieben wird, obwohl wir sie nicht verdienen; die wunderbare Barmherzigkeit, durch die wir als gerecht gelten, als gerecht angenommen, als gerecht geliebt und schließlich als gerecht errettet werden, obwohl wir es in Wirklichkeit nicht sind und obwohl wir uns in unseren eigenen Herzen der tiefsten Demütigung vor Gott bewusst sind. Wen kann es wundern, dass wir uns voller Hoffnung freuen, wenn wir in Gnade auf einen solchen Standplatz gestellt werden?

Dies ist, wie Sie sehen, ein Werk *für* uns und nicht *in* uns und ändert sich daher nie. Das Werk *in* uns ändert sich ständig. Es ist ein fortschreitendes Werk und sein Fortschritt ist manchmal viel schneller als zu anderen Zeiten. Aber das Werk *für* uns geht nicht mit dem Werk *in* uns auf und ab; es ist unveränderlich, wie Gott selbst. Die zugeschriebene Gerechtigkeit ist die Gerechtigkeit Gottes und daher vollkommen und unveränderlich. Sie ändert sich nicht aus dem einfachen Grund, dass Er sich nicht ändert, und daher kann sich der gerechtfertigte Gläubige immer, bei Wolken wie bei Sonnenschein, an dunklen wie an hellen Tagen, in der Stunde der Trübsal wie in der Zeit des ungetrübten Wohlstands, in den Zeiten tiefster Demütigung wie in denen der Erregung und Ermutigung, an Ihm erfreuen und in dem Gott seiner Erlösung triumphieren. Dies ist es, was der Hoffnung ihre Sicherheit verleiht, dies macht uns sicher, dass sie niemals versagt. Wenn wir uns auf all die unterschiedlichen Veränderungen unserer eigenen Gefühle verlassen würden, könnte es an einem Tag Freude und am nächsten Verzweiflung geben; aber solange wir in der Gnade der zugerechneten Gerechtigkeit stehen, hat unsere Hoffnung ein Fundament, das niemals erschüttert werden kann, und deshalb können wir die Freude ohne Furcht annehmen und uns in der Hoffnung auf die Herrlichkeit Gottes freuen.

Was ist das große Prinzip in der Seele, das unseren Status in dieser Gnade begründet?

Auf diese Frage finden wir eine Antwort in den Worten des heiligen Paulus: „Du stehst durch den Glauben." [56] Und genau das lehrt uns dieser Abschnitt. In Vers 1 erfahren wir, dass wir durch den Glauben gerechtfertigt werden; und dann erfahren wir in Vers 2, dass wir durch den Glauben Zugang zu dieser Gnade haben, in der wir stehen. Von Anfang bis Ende ist es daher eine Frage des Glaubens. Das ganze Geheimnis unseres Standes und der Freude, die daraus folgt, liegt in diesem einen Wort „Vertrauen". Vertraue dem Herrn Jesus Christus als deinem vollendeten Opfer und deinem lebendigen Herrn, und du stehst auf dem Felsen. Lass dein Vertrauen auf irgendetwas anderes beruhen, auf deinen Gefühlen, deinen Gedanken, deiner Erfahrung, deinen Absichten oder deinen religiösen Bemühungen, und du wirst nicht besser sein als Menschen, die versuchen, sicher auf den Wellen des Meeres zu gehen. Aber vertrauen Sie Christus , *so wie* Sie sind und *wo* Sie sind, und zwar, ohne Ihr eigenes Vertrauen zwischen sich und Ihn zu stellen, und Sie können Ihren Weg in Ihm genießen und brauchen nie aufzuhören, für ein so solides Fundament und eine so freie Gnade dankbar zu sein.

DAS WERK DES HERRN

„Seid standhaft, unerschütterlich und immer reichlich im Werk des Herrn, denn ihr wisst, dass eure Arbeit im Herrn nicht umsonst ist." – 1. KOR . xv. 58.

WIR haben uns in letzter Zeit mit der „Freude des Herrn" befasst, und jetzt liegt es mir am Herzen, dass unsere Gedanken sich einem anderen Thema zuwenden, das viel enger damit verbunden ist, als viele anzunehmen scheinen, nämlich dem Werk des Herrn. Die Freude am Herrn verleiht Kraft für den Dienst, und der Dienst am Herrn steigert die Freude. Es gibt Aktion und Reaktion zwischen den beiden.

WAS IST MIT DEM WERK DES HERRN GEMEINT ?

Es ist *Arbeit* – Arbeit mit all der Selbstverleugnung, die mit stetiger Arbeit einhergeht.

Es ist Arbeit *für* den Herrn. Wenn wir sagen, dass ein Vater für seine Familie arbeitet oder ein Diener für seinen Herrn, bedeutet das nicht, dass er einfach seinen eigenen Geschäften nachgeht, sondern dass er eine bestimmte Person im Auge hat und für sie arbeitet. Wir sind so arme, gebrechliche Geschöpfe, dass wir ständig dazu neigen, bei unserer Arbeit Nebenmotive zuzugeben. Ich weiß, wie schwer es ist, ein Auge nur auf die Herrlichkeit Gottes zu richten. Der eigene Ruf und die große Freude am eigenen Erfolg neigen ständig dazu, falsche Motive einzubringen. Wir sollten uns selbst völlig aus den Augen verlieren und uns daran erinnern, dass wir, wenn wir die Arbeit des Herrn tun , *dies für den Herrn* tun .

Es ist ein Werk *des* Herrn. Es ist die Arbeit, zu der der Herr jeden von uns ernannt hat. Als Gott Barnabus und Paulus berief, sagte er: „Trennen Sie sie für die Arbeit, zu der ich sie berufen habe." [59a] Nun sind wir nicht zum Apostelamt berufen, aber ich glaube, es gibt keinen Menschen unter uns, der nicht von Gott zu einer bestimmten Arbeit in seinem Dienst berufen wäre. Von der Kirche Gottes heißt es, dass sie „durch das verdichtet wird, was alle gemeinsam leisten". [59b] Es gibt also kein Gelenk im ganzen Körper, das nicht etwas versorgen soll. Alle, die in Christus Jesus sind, sind Kinder Gottes, und alle sind berufen, in Seinem Dienst zu arbeiten, der starke Mann in der Fülle seiner Kräfte oder der leidende Kranke, der mit gebrochener Gesundheit niedergestreckt ist.

Da dies nun das Wesen des Werkes des Herrn ist, wollen wir uns der Ermutigung zuwenden, die Gott uns gegeben hat, und der Wurzel, aus der sie entspringt.

DIE ERMUTIGUNG .

Es gibt in unserem christlichen Leben einige Dinge, die wir denken, einige, die wir hoffen, und einige, die wir wissen. Einige wissen wir, weil sie uns in Gottes Wort zugesichert sind, und wir sind völlig davon überzeugt, dass sein Wort wahr ist. Und hier ist eines der Dinge, die wir wissen, und zwar mit Gewissheit, ohne dass ein Zweifel möglich wäre. Wir wissen, dass unsere Arbeit im Herrn nicht vergeblich ist. Sie mag uns oft überaus schwach und mangelhaft erscheinen; wir mögen uns ihrer zahlreichen Mängel schämen und demütigen; wir mögen auf sie zurückblicken, wie von Fehlern durchzogen; wir mögen uns bewusst sein, dass wir Dinge unterlassen haben, die wir hätten tun sollen, und wir mögen uns schmerzlich bewusst sein, dass nichts so getan wurde, wie es für Gott getan werden sollte, aber dennoch sind wir sicher, dass es nicht vergeblich sein wird. Als Samuel noch ein Kind war, „war der Herr mit ihm und ließ keines seiner Worte zu Boden fallen" [60a], und wir können sicher sein, dass Er auch jetzt kein einziges Wort, das in Seinem Namen gesprochen wurde, zu Boden fallen lassen wird. Wenn der Herr mit euch ist, wird nichts, was ihr jemals für Ihn tut, vergeblich sein. Ihr werdet vielleicht die Früchte davon nicht sehen, oder wenn doch, dann vielleicht erst nach Jahren des Wartens, aber der Herr weiß alles darüber. Er sieht genau, was ihr tut, sagt, gebt oder betet, und das Buch der Erinnerung ist vor Ihm geschrieben. Ihr selbst könnt einer von Gottes Verborgenen sein, und an dem Tag, an dem Er Seine Juwelen zusammenstellt [60b], werdet ihr dann vielleicht auf andere treffen, die wie ihr verborgen sind, denen eure Arbeit, wie schwach sie auch sein mag, in Seiner Barmherzigkeit ein Segen war. Haltet also ohne zu wanken an der Arbeit des Herrn fest. Lassen Sie sich durch nichts entmutigen, bleiben Sie unbeirrt auf Ihrem Weg, kraftlos und doch zielstrebig, in der vollen Gewissheit, dass Gott seine Versprechen auch halten kann und dass selbst Ihr armseliger Dienst im Herrn nicht vergeblich sein wird.

DIE WURZEL, AUS DER ALL DIESE ARBEIT HERVORGEHEN MUSS.

Es sind nicht alle Arten von Arbeit, mit denen die Verheißung verbunden ist, denn es gibt eine Menge Arbeit, die völlig vergeblich ist. „Wenn der Herr das Haus nicht baut, arbeiten die, die es bauen, umsonst." [60c] Und die Unterscheidung wird uns hier sehr klar gelehrt, denn die Arbeit, von der hier gesprochen wird, ist eine Arbeit „im Herrn". Es lehrt, dass Arbeit die Folge der Gewerkschaft ist; dass wir das Werk des Herrn nicht tun, um dadurch zur Vereinigung zu gelangen, sondern dass die Vereinigung zuerst kommt und das Werk des Herrn als Ergebnis folgt. Es wird keine Frucht am Zweig geben, wenn nicht vorher eine Verbindung mit dem Weinstock erfolgt. Es besteht daher keine Hoffnung, dass irgendjemand durch mühevolle Arbeit eine Verbindung mit Christus erlangen wird. Wenn sich Ihr Herz nach dieser Vereinigung sehnt, müssen Sie sie als kostenloses Geschenk annehmen, denn Christus Jesus, der Sohn Gottes, hat Sie durch sein eigenes kostbarstes Blut erlöst, und Sie müssen dies so tun, wie Sie sind, ohne auf das Ende zu warten eine weitere Anstrengung in Seinem Dienst. Sie müssen „im Herrn" sein, bevor Sie „im Herrn arbeiten" können, und diese Vereinigung muss das kostenlose Geschenk seiner unverdienten Gnade sein. Du musst in Ihm zu guten Werken geschaffen sein, bevor du etwas zu Seiner Ehre tun kannst. [61]

CHRISTLICHE ERFAHRUNG IN DER GLAUBENSBESTÄTIGUNG

„Weil du mir geholfen hast, darum werde ich mich im Schatten deiner Flügel freuen." – PSALM . lxiii. 7.

Ich MÖCHTE über die wichtige Nutzung christlicher Erfahrung bei der Bestätigung des Glaubens sprechen. Ich sage in der Bestätigung des Glaubens, denn zwischen Bestätigung und Beginn besteht ein größtmöglicher Unterschied. Erfahrung kann den Glauben bestätigen, wenn er bereits existiert, aber der Glaube muss offensichtlich vorhanden sein, bevor es eine Erfahrung seines Ergebnisses geben kann.

Zu Beginn unseres christlichen Lebensweges müssen wir nichts anderes tun, als uns in völligem Vertrauen auf die sicheren Verheißungen des Bundes Gottes zu verlassen und uns ausschließlich auf das zu verlassen, was Er getan und versprochen hat. Wir haben dann nichts mit unserer eigenen Geschichte, unseren eigenen Gefühlen oder unserem eigenen Fortschritt zu tun, es ist Christus und Christus allein, auf dem die Seele ihr Leben lang ruhen muss. Wenn wir also auf die wahre Grundlage des Glaubens blicken, müssen wir dies bis zum letzten Tag unserer Pilgerreise tun. Es ist ein verhängnisvoller Moment für uns, wenn wir dazu gebracht werden, auch nur einen einzigen Augenblick von Ihm wegzuschauen. Aber gleichzeitig müssen wir bedenken, dass wir nicht immer am Anfang unseres christlichen Lebens stehen. Jemand, der dem Herrn Jesus Christus vertraut und viele Jahre mit Ihm gewandelt ist, ist nicht in derselben Lage wie jemand, der Ihn heute zum ersten Mal sucht. Er hat die Erfahrung der Güte des Herrn gemacht. Er hat Ihn in keiner seiner Sorgen jemals im Stich gelassen erlebt, und wenn er vor vielen Jahren vertrauen konnte, als er nichts als ein bloßes Versprechen hatte, wie viel mehr kann er dann heute dem Erlöser vertrauen, da die Wahrheit Seines Wortes in all den verschiedenen Erfahrungen des Lebens auf die Probe gestellt und getestet wurde?

Der Herr Jesus Christus wird als „ein sicheres Fundament" [63a] beschrieben ; sicher, weil Er das Fundament ist, das Gott gelegt hat; sicher, wegen Seiner eigenen ewigen Gottheit; sicher also als Gegenstand einfachen Vertrauens, bevor jemand Seine Gnade erfahren hat. Auch für den zitternden Sünder, der Ihm bisher völlig fremd war und nie etwas von Seiner Liebe erfahren hat, ist Er ein sicheres Fundament, und obwohl dieser zitternde Sünder Ihn nur durch das Wort kennt, kann er zu Ihm kommen und vertrauen. Aber gemäß demselben Vers ist Er auch ein erprobtes Fundament. Er wurde achtzehn Jahrhunderte lang von der gesamten Kirche Gottes erprobt, und nie hat er jemanden im Stich gelassen, der im Glauben zu Ihm gekommen ist. Er wurde von uns erprobt, die Ihn den größten Teil unseres Lebens gekannt haben, und wir dürfen nicht alles ignorieren, was Er für uns getan hat, sondern müssen wie der heilige Johannes sagen, dass wir nicht nur geglaubt haben, sondern dass „wir die Liebe, die Gott zu uns hat, erkannt und geglaubt haben." [63b]

Dies ist nun das Prinzip des Textes. Der Psalm wurde geschrieben, als David in großer Not war, nachdem er vor Saul in der Wüste von Juda geflohen war. Er war dort in Höhlen wie Adullam versteckt und vom Heiligtum Gottes abgeschnitten. Aber es ist ein sehr heiterer und dankbarer Psalm. Er war wegen seiner Schwierigkeiten nicht niedergeschlagen, sondern hatte eine solche Gewissheit von der Güte des Herrn, dass sein Herz voller Lob war. Er konnte ihn preisen, und das mit freudigen Lippen, sogar in der Wüste. Der Grund war, dass er ihm vertrauen konnte, und obwohl er erst ein junger Mann war, war sein Vertrauen durch Erfahrung bestätigt worden. Er war seit seiner Berufung fast die ganze Zeit in Schwierigkeiten gewesen, aber er hatte auf dem ganzen Weg einen starken Arm bei sich gefunden, und deshalb sagte er: „Weil du mir geholfen hast, darum will ich im Schatten deiner Flügel jubeln." In diesem Vers sind zwei Dinge zu beachten:

I. DIE DANKBARE ANERKENNUNG BEREITS GELEISTETER HILFE .

Der Herr hatte ihm durch viele Schwierigkeiten geholfen und er erkannte die Hilfe dankbar an. Wir wissen nicht, auf welche besondere Hilfe er sich bezog. Es könnte sein Sieg über Goliath gewesen sein oder die Rettung vor Sauls Speer. Oder es könnte die tägliche, stündliche Hilfe gewesen sein, die seiner eigenen Seele in all den Schwierigkeiten seiner Situation zuteil wurde; jene Hilfe, die in der Geschichte keinen Platz findet, die aber für das Kind Gottes die unerschöpfliche Quelle des Lebens und der Kraft ist. Aber was auch immer der besondere Charakter der Hilfe war, es ist völlig klar, dass sie angenommen und anerkannt wurde. Er bat um Hilfe, er fand sie, er erkannte sie an und er war dankbar dafür.

Lernen wir die Lektion, dass wir nicht ständig um Hilfe beten und Angst davor haben sollten, sie anzuerkennen, wenn sie gegeben wird. Es ist unser Privileg, um das Geschenk zu bitten, aber es ist auch unser Privileg und unsere Pflicht, es anzuerkennen.

II. DIE FREUDIGE GEWISSHEIT FÜR DIE ZUKUNFT .

Er wusste, dass er an einen Gott glaubte, der sich nicht ändert, so wie wir glauben, dass der Herr Jesus Christus „derselbe ist gestern, heute und in Ewigkeit" [64], und das Ergebnis war die Gewissheit, dass derjenige, der ihm bis hierher geholfen hatte, ihm bis zum Ende helfen würde. Er wusste, dass sich sein Gott nicht ändern würde, und deshalb war er glücklich und zuversichtlich, obwohl er sich in „einem dürren und durstigen Land" [65a] befand. Seine Freude hing nicht von den Umständen ab, sondern von Gott, und da er auf seine unveränderliche Gnade vertraute, konnte er überall glücklich sein. Er erfreute sich am Heiligtum, und wir lesen in Vers 2, wie er dort in seiner eigenen Seele Gottes Macht und Herrlichkeit gesehen hatte. Aber derselbe Herr, der ihm im Heiligtum geholfen hatte, würde ihm auch in der Höhle helfen, und deshalb war er selbst in der Wildnis kein unglücklicher Mann, sondern sagte: „Weil deine Güte besser ist als das Leben, sollen meine Lippen dich preisen."

Und dieser Grundsatz war für ihn kein neuer, denn wir sehen, dass er schon als ganz junger Mann danach handelte. Es war der Grundsatz, der ihn in den Kampf mit Goliath führte, denn als Saul ihn von dem Versuch abhielt, sagte er: „Der Herr, der mich aus der Klauen des Löwen und aus der Klauen des Bären errettet hat, er wird mich auch aus der Hand dieses Philisters erretten." [65b] So sollte die Anerkennung vergangener Hilfe zu zuversichtlichem Vertrauen führen. Wenn wir tatsächlich Hilfe erfahren haben und Grund zu der Annahme haben, dass Gott jetzt hilft, können wir kühn in die Zukunft blicken und vollkommen zuversichtlich sein, dass Er bis zum Ende helfen wird.

DIE ANKUNFT DES HERRN

Die praktische Auswirkung dieser seligen Hoffnung auf das Leben und den Charakter

„Seid auch ihr geduldig und stärkt eure Herzen, denn die Ankunft des Herrn naht." – Jakobus 5, 8.

Die Hoffnung auf die nahe Ankunft des Herrn sollte uns dazu führen, die Welt und ihre Dinge mit Leichtigkeit zu betrachten. Es gibt keine größere Versuchung auf unserem Weg als die, uns in den Dingen der Welt zu verstricken. Wir spinnen ständig Spinnweben für unsere eigene Knechtschaft und verfangen uns dann in unserem eigenen Netz. Daher ist die entwöhnende Kraft der gesegneten Hoffnung auf die nahe Ankunft unseres Herrn und Erlösers so wichtig. Dies gilt auch in der Trauer.

Es gab in den Tagen des heiligen Paulus Kummer, genau wie heute, und er hat uns nie gelehrt, nicht zu weinen. Was er lehrte, war, dass wir „nicht trauern sollten wie diejenigen, die keine Hoffnung haben". Der Charakter des Kummers kann verändert werden. Und welche Kraft konnte den Charakter der Trauer auf diese Weise verändern? Der nächste Vers liefert die Antwort. „Denn wenn wir glauben, dass Jesus gestorben und auferstanden ist, so wird Gott auch die, die in Jesus entschlafen sind, mit ihm führen." [66] Wir dürfen daher seiner baldigen Wiederkehr entgegensehen, wenn sich die Gräber derer, die in Christus sind, öffnen werden und wenn aller Kummer für immer verloren sein wird in dem gesegneten Vorrecht, „für immer beim Herrn" zu sein. [67a] Ist eine solche Hoffnung nicht genug, um den Charakter der Trauer zu verändern?

Diese gesegnete Hoffnung verändert auch den Charakter unserer Freude.

Wie es dem Kummer einen Ton gibt, so tut es das auch mit der Freude. Es macht sie nüchtern und fest. Es verleiht ihr einen ruhigen, friedvollen, bleibenden Charakter. Betrachte die Worte des heiligen Paulus: „Freuet euch in dem Herrn allewege, und abermals sage ich: Freuet euch!" [67b] Und beachte den folgenden Vers: „Eure Mäßigung soll allen Menschen bekannt werden. Der Herr ist nahe." Lasst eure Freude die nüchterne Freude der Menschen sein, die glauben, dass die Ankunft des Herrn nahe ist; die ruhige, wohlgewisse, bleibende Freude derer, die im Herrn sind und überzeugt sind, dass sie für immer beim Herrn sein werden.

Und die gleiche Wirkung wird sich auf unseren gesamten Besitz auswirken.

Niemand sollte meinen, wir sollten die kostbaren Gaben, die Gott uns gegeben hat, nicht wertschätzen. Sollten wir über Geld, Zeit, Einfluss, Macht leichtfertig nachdenken? Auf keinen Fall; Aber wenn wir glauben, dass das Kommen des Herrn nahe ist, müssen wir dem Ganzen gelassen gegenüberstehen, denn bald wird alles den Herrlichkeiten seines Reiches weichen. Erinnern Sie sich an die mitreißenden Worte des heiligen Paulus: „Die Zeit ist knapp" [67c] und an die darauf folgende Ermahnung, „diese Welt zu nutzen, statt sie zu missbrauchen".

Wenn wir glauben, dass das Kommen des Herrn nahe ist, müssen wir aufwachen und unsere Lampen putzen.

Wir dürfen nie vergessen, dass echte, wahre Gläubige kalt, stumpf und schläfrig werden können. So schliefen sogar die klugen Jungfrauen, als der Bräutigam kam. Aber sie waren gründlich vorbereitet, sodass sie sofort aufstanden, als sie den Ruf hörten, und ihre Lampen geputzt hatten und bereit waren. Nun sollte der Gedanke an sein Erscheinen diese Wirkung auf uns haben. Wer unter uns möchte nicht belebt werden, zu neuer Kraft für Gott erweckt werden, seine Seele mit heiliger Inbrunst erfüllen und sein ganzes Herz von der Liebe Christi entflammen lassen? Wer möchte nicht mit allen Kräften, die er besitzt, auf den aufrüttelnden Appell des heiligen Paulus antworten: „Und das, da wir die Zeit wissen, dass es jetzt höchste Zeit ist, vom Schlaf aufzustehen; denn jetzt ist unsere Erlösung näher als da, da wir gläubig wurden. Die Nacht ist vorgerückt, der Tag ist nahe." [68a] Sollen wir weiterschlafen, als ob die alte Welt ewig währte? Glauben wir wirklich, dass der Bräutigam kommt? [68b] Und sollten wir nicht ohne Zögern unsere Lampen reinigen, damit sie bei Seiner Ankunft zu Seiner Ehre hell brennen?

Wenn wir auf das baldige Kommen des Herrn warten, sollte dies zu einer ruhigen, glücklichen und friedlichen Hoffnung inmitten der Turbulenzen der letzten Tage führen.

Nichts lässt uns erwarten, dass der gegenwärtige Zustand der Dinge ein ruhiges Ende findet. Wenn unser Herr kommt, wird er sozusagen auf dem Wirbelsturm und dem Sturm reiten. Es ist sehr üblich, an der Mündung der schönsten Häfen eine Sandbank mit schweren Brechern zu finden, und deshalb müssen wir auf eine stürmische See vorbereitet sein, wenn wir den Hafen der Ruhe betreten. Unser Herr lehrte dies sehr deutlich, als er sagte: „Es werden Zeichen an Sonne und Mond und Sternen geschehen, und auf der Erde werden die Völker in Angst und Schrecken sein, das Meer und die Wellen tosen." [68c] Und nun betrachten wir die Wirkung dieser Ereignisse auf verschiedene Charaktere. In der ganzen Welt erzeugen sie etwas, das man Panik nennen könnte – „die Menschen verzagen vor Furcht." [69a] Aber wie soll es mit dem Volk Gottes sein? Sollen ihre Herzen vor Furcht verzagen? Nein, denn wir lesen: „Wenn diese Dinge anfangen zu geschehen, dann blickt auf und erhebt eure Häupter." [69b] Sie sollen nicht niedergebeugt sein, sondern den Kopf aufrecht halten und mit zuversichtlichem Geist voller Hoffnung aufblicken. Und warum? Was ist es, das einen so großen Unterschied zwischen den beiden Charakteren ausmacht? Wie können wir den Kontrast erklären? Es wird alles im letzten Teil dieses Verses erklärt: „Denn eure Erlösung naht." Es ist völlig klar, dass mit Erlösung hier die endgültige Befreiung gemeint ist, denn im vorhergehenden Vers [69c] lesen wir von der endgültigen Ankunft des Erlösers. Dieser ruhige Frieden ist daher das gesegnete Ergebnis einer gesegneten Hoffnung. Gottes Volk wird wissen, dass der Erlöser nahe ist, und wird sich daher nicht fürchten. Sie werden Gottes heiligem Wort glauben, und daher wird das, was andere beunruhigt, sie aufmuntern. Derselbe Sturm, der die großen Panzerschiffe draußen versenkt, wird ihr kleines Schiff in den Hafen bringen. Sie werden wissen, was das alles bedeutet, und mit Gottes Wort in der Hand werden sie wissen, wer regiert, und werden in allem, was andere erschreckt, die vorhergesagten Zeichen seiner nahen Ankunft sehen.

EIN WORT ZUM SCHLUSS.

Das Wort „Erlösung" hat im allgemeinen Sprachgebrauch eine doppelte Bedeutung. Manchmal wird es einfach für Sühne oder Versöhnung verwendet und manchmal für die große Erlösung, die die Folge der großen Versöhnung ist. Es ist klar, dass es in dieser Passage für Erlösung verwendet wird. Aber etwas anderes ist ebenso klar, nämlich dies – dass wir niemals in der Hoffnung auf Erlösung ruhen können, wenn uns nicht zuerst beigebracht wird, uns auf die vollendete Versöhnung zu verlassen, um Vergebung zu erlangen. Erlösung durch Macht ist die Folge der Erlösung durch Blut. Es ist die Erlösung durch Macht, von der der Herr sagte: „Er naht sich"; aber wir werden niemals in der Lage sein, unsere Köpfe zu erheben und voller Freude auf diese Aussicht zu blicken, wenn wir nicht zuerst in unseren eigenen Seelen den unaussprechlichen Segen dieser Erlösung durch Blut kennen, die seit langem für immer vollendet ist. Nur wenn wir Jesus Christus und ihn als gekreuzigt kennen, können wir in ruhiger, friedvoller Zuversicht zu Jesus Christus und ihm als verherrlichtem Menschen aufblicken.

„MIT" UND „DURCH"

„Und als sie gekommen waren und die Gemeinde versammelt hatten, erzählten sie alles, was Gott mit ihnen getan hatte und wie er den Heiden die Tür des Glaubens geöffnet hatte." – APOSTELGESCHICHTE 14, 27.

ES gibt nur wenige Institutionen, die älter sind als die Missionsversammlung. Sie ist in ihrem Ursprung wahrhaft apostolisch. Die erste derartige Versammlung, von der wir lesen, fand in Antiochia statt, nachdem der heilige Paulus von seiner ersten Missionsreise zurückgekehrt war. Von Antiochia aus brach er auf, nachdem ihn die Brüder der Gnade Gottes anvertraut hatten; und in Antiochia versammelte er nach seiner Rückkehr die Kirche und erzählte ihnen alles, was Gott auf seiner Reise mit ihnen getan hatte. Dies ist das große Thema seiner Ansprache und wird uns drei Untersuchungsthemen nahelegen.

I. WAS WURDE GETAN ?

Erstens war den Heiden die Tür des Glaubens geöffnet worden. Unter „der Tür des Glaubens" müssen wir sicherlich den „neuen und lebendigen Weg" verstehen, von dem wir im Hebräerbrief lesen. [71] Und was ist das? Wird dies nicht durch den vorherigen Vers erklärt: „Da wir nun die Freimütigkeit hatten, in das Allerheiligste einzugehen durch das Blut Jesu." Es ist der freie Zugang zum Thron der Gnade durch die vollendete, endgültige Versöhnung, die dort als „das Blut Jesu" beschrieben wird. Als Er starb, wurde der Vorhang des Tempels von oben bis unten in zwei Teile zerrissen, und der Gnadenthron wurde für den Sünder geöffnet, der im Glauben herantrat, und die Einladung wurde allen verkündet. Der Thron der Gerechtigkeit wurde zum Thron der Barmherzigkeit, und der Thron des Gerichts wurde sogar für den Sünder zugänglich, denn er wurde in einen Thron der Gnade verwandelt.

Dies ist die Tür des Glaubens, die den Heiden aufgetan worden war, und es ist für uns sehr schwer, uns vorzustellen, was das alles bedeutete. Es bestand eine Trennwand zwischen Juden und Heiden, die sie so weit voneinander trennte, als ob es keinen gemeinsamen Erlöser gäbe. Nun aber berichtet Paulus, dass die Trennwand niedergerissen worden sei. [72a] Jeder Stein davon war weggefegt worden, und gemäß dem Bund Gottes waren alle als eine Herde zu einem Hirten eingeladen.

Aber das war noch nicht alles. Das große Werk dieser Missionsreise bestand darin, die Herzen von Juden und Nichtjuden dazu zu bewegen, durch diese offene Tür einzutreten. Es ist eine Sache, einem Menschen eine Tür zu öffnen, aber oft ist es viel schwieriger, ihn zum Eintreten zu bewegen. Das große Ergebnis dieser Reise war nun, dass viele kostbare Seelen durch die offene Tür und in Christus hineingebracht wurden Jesus wurde gerettet. Von diesem Werk berichtete der heilige Paulus bei seiner Rückkehr nach Antiochia. Wenn er Einzelpersonen erwähnte, erzählte er ihnen zweifellos von Sergius Paulus, dem römischen Prokonsul in Paphos, diesem „umsichtigen Mann", [72b] einem der ersten Konvertiten, die dem Apostel gegeben wurden. Dann wiederum erzählte er ihnen zweifellos von der großen Menge sowohl der Juden als auch der Griechen in Ikonium, die gläubig waren. [72c] Und wenn er nach der Realität der Arbeit in ihren Seelen gefragt wurde, erzählte er ihnen zweifellos vom schönen Charakter der Christen im anderen Antiochia, Antiochia in Pisidien, von dem es heißt: „Die Jünger waren erfüllt." mit Freude und mit dem Heiligen Geist." [73]

Sie waren tatsächlich durch die offene Tür eingetreten. Sie hatten die Freude des Lebensweges verkostet, sie waren unter den Schatten des Gnadenstuhls gebracht worden. Sie hatten sich mit großer Wonne in Seinen Schatten gesetzt und die Frucht süß für ihren Geschmack gefunden. So wunderbar war die Veränderung gewesen, dass dieselben Männer, die vor dieser denkwürdigen Reise teils in jüdischer Feindseligkeit, teils in heidnischer Abscheu gelebt hatten, nun glückliche, heilige, dankbare Gläubige waren und tatsächlich mit dem Heiligen Geist erfüllt waren. Wir sehen also, was geschehen war. Die nächste Frage ist:

II. WER WAR DER HANDELNDE ?

Der heilige Paulus und der heilige Barnabas waren die Hauptakteure, und der heilige Paulus war der Hauptredner, aber er war es nicht, der die Herzen veränderte oder die Jünger mit Freude und dem Heiligen Geist erfüllte. Er erzählte also nicht, was *er* getan hatte, sondern was Gott getan hatte. Das Einbeziehen des Sünders, ob Jude oder Nichtjude, in den neuen oder lebendigen Weg war ein göttlicher Akt. Um das Herz zu öffnen, war ebenso eine göttliche Kraft erforderlich wie um die Tür zu öffnen. Für uns ist es wichtig, diesen Grundsatz klar im Hinterkopf zu behalten, nämlich dass die Macht, einzutreten, an sich eine Gabe Gottes ist – dass wir darauf vertrauen müssen, dass er uns nicht nur rettet, wenn wir eingetreten sind, sondern auch, dass er es uns ermöglicht, einzutreten ; nicht nur, um uns Barmherzigkeit zu erweisen, wenn wir ihm nahe gekommen sind, sondern um uns durch seinen eigenen Geist näher zu bringen.

III. AUF WELCHE WEISE NUTZTE DER HERR DIE MENSCHLICHE ENTSCHEIDUNGSFREIHEIT ?

Es werden zwei Ausdrücke gebraucht, die großes Licht auf das Thema werfen. In diesem Vers lesen wir von den Dingen, die Gott *mit* ihnen getan hatte, und derselbe Ausdruck kommt in Apostelgeschichte 15,4 vor. Aber wenn wir zu Apostelgeschichte 15 weitergehen, finden wir die Aussage, dass „Gott *durch* sie an den Heiden gewirkt hatte." [74a] Der eine Ausdruck impliziert Kameradschaft, der andere Hilfsmittel. Betrachten wir sie getrennt.

(1) „Mit.“

Die Idee ist, dass unser Herr während der gesamten Reise sein Versprechen buchstäblich erfüllte. „Ich bin immer bei dir.“ [74b] Sie gingen hinaus, um in seinem Namen zu predigen, und er ging mit ihnen als ihr ständiger, nie versagender, wenn auch unsichtbarer Begleiter und Freund. Während sie also handelten, handelte Er auch. Die beiden handelten zusammen und erfüllten so den einen Plan Gottes. Das Handeln des Herrn bewirkte die Wirkung des Handelns des Predigers, obwohl es in manchen Fällen völlig unabhängig davon war. Nehmen wir als Beispiel den Fall von Lydia. [74c] Der heilige Paulus predigte vor der kleinen Gruppe, die sich am Gebetsort am Flussufer in Phillipi versammelt hatte. Da war die Aktion des Predigers. Aber schauen Sie sich nun die Taten des Herrn an, der mit ihm zusammenarbeitet. Durch seine vorausschauende Vorsehung hatte er Lydia aus ihrem Zuhause in Thyatira geholt und durch seinen leitenden Geist hatte er den heiligen Paulus von seiner Arbeit in Kleinasien geholt. Er war es, der sie beide an diesem Sabbatmorgen an denselben Ort brachte. Während der heilige Paulus predigte, handelte der Herr, denn er handelte mit seinem Diener zunächst durch die vorbereitende Führung seiner Vorsehung und anschließend durch die herzöffnende Bewegung des Heiligen Geistes

(2) Und das führt mich zu dem anderen Ausdruck „ *durch* “. Dies drückt etwas anderes aus als Kameradschaft, denn es lehrt, dass er, indem er auf diese Weise Sünder an sich zieht, Menschen als Instrumente benutzt. Im Fall von Lydia öffnete der Herr ihr Herz, aber die Worte des heiligen Paulus waren das Werkzeug, das Gott einsetzte, um sie zum Glauben zu führen. Es geschah nicht ohne Werkzeug, sondern durch dieses, dass Gott handelte. Es ist wichtig, sich daran zu erinnern, dass die menschliche Instrumentalität nicht im Widerspruch zum Glauben steht. Wir müssen uns sowohl an das „durch“ als auch an das „mit“ erinnern und daran, dass wir, wenn Gott Mittel gegeben hat, ihn nicht dadurch ehren, dass wir sie vernachlässigen oder ignorieren. Dem heiligen Paulus lag es sehr am Herzen, den Korinthern klarzumachen, dass es allein Gott sei, der für den Zuwachs gesorgt habe, aber als er das tat, ließ er sich nicht davon abhalten, hinzuzufügen, dass er gepflanzt und Apollos gegossen hatte. [75] Wir wissen, dass Gott ein Souverän ist und dass er, wenn es ihm gefiel, die ganze Schar seiner Auserwählten versammeln könnte, ohne dass ein einzelner Mann für ihn arbeiten müsste; Aber wir wissen auch, dass „durch uns“ die Predigt vollständig bekannt werden muss, und wir sind völlig davon überzeugt, dass wir sowohl pflanzen als auch gießen müssen, wenn wir auf eine Ernte hoffen wollen.

DAS RÜHREN DES GEISTES

„Und der Herr erweckte den Geist Serubbabels, des Sohnes Shealtiels, des Statthalters von Juda, und den Geist Josuas, des Sohnes Josedechs, des Hohenpriesters, und den Geist des ganzen Überrestes des Volkes; und sie kamen und arbeiteten im Haus des Herrn der Heerscharen, ihres Gottes." – VETTEL . ich. 14.

BETRACHTEN WIR diese Willenserregung und dann den großen Bedarf selbst unter dem treuen Volk Gottes.

I. Wir lesen in der Heiligen Schrift viel von einer Bewegung des Willens, wie wir aus dem praktischen Leben wissen, wie wir selbst oft bewegt oder erregt werden. Wir wissen, wie es ist, wie Petrus zu sein, der im Gefängnis schlief, bis der Engel des Herrn ihn „an die Seite schlug und ihn aufweckte und sprach: Steh schnell auf!" [76a] Wir werden oft zu einer *Anstrengung aufgeweckt*, an die wir vorher nie gedacht haben, und unsere ganze Seele brennt, um mit heiliger Begeisterung für Gott zu arbeiten.

Diese Regung des Geistes aber ist das Werk Gottes selbst. Ich weiß wohl, daß es Stellen gibt, wo von dem Menschen die Rede ist, er rege sich selbst, z. B.: „Da ist keiner, der deinen Namen anruft, der sich aufrafft, dich zu ergreifen." [76b] Doch ein solcher Ausdruck beschreibt die äußere Wirkung und nicht die innere Bewegung der Seele, wie derselbe Text beweist, der uns den Grund für das Fehlen einer solchen Regung gibt: „Du hast dein Angesicht vor uns verborgen." Weil Er Sein Angesicht verborgen hatte, wurde niemand bewegt, Seine Gnade zu ergreifen. So lehrt uns der heilige Paulus, daß Gott selbst auf den Willen einwirkt. Er ermahnt die kleine Herde in Philippi, in seiner Abwesenheit eifriger zu sein als in seiner Gegenwart, [77a] und im nächsten Vers gibt er uns den Grund: „Gott ist es, der in euch wirkt sowohl das Wollen als auch das Vollbringen nach seinem Wohlgefallen." Als Serubbabel in dieser Passage zu einer neuen Tat erweckt wurde, war es der Herr, der seinen Geist aufrüttelte und ein so starkes, tiefes Gefühl in seiner Seele hervorrief, dass er nicht ruhen konnte, ohne eine neue Anstrengung für den Herrn zu unternehmen. Diese Erregung war das gesegnete Ergebnis des Wirkens des Heiligen Geistes. Oh, hätten wir doch mehr davon unter uns!

Aber obwohl es das Werk des Heiligen Geistes ist, werden wir feststellen, dass Er im Allgemeinen Mittel einsetzt. Wenn es Ihm gefällt, kann Er natürlich selbst durch direkte persönliche Kommunikation zur Seele sprechen und so Herz und Gewissen ohne die Hilfe menschlicher Hilfsmittel erwecken. Aber in den meisten Fällen bedient er sich der Mittel.

Manchmal werden Menschen durch den Anblick des Bösen bewegt, so wie der heilige Paulus durch den Anblick des Götzendienstes in Athen im Geiste bewegt wurde. [77b] Und es scheint seltsam, dass Gottes treues Volk so still sitzen und so still auf die Sünde blicken kann, die um sie herum im Überfluss vorhanden ist. Wie kommt es, dass nicht die ganze Seele in uns brennt mit dem sehnsüchtigen Wunsch, für Gott am Werk zu sein?

Manchmal geschieht es durch die Macht des Ministeriums. So war es auch bei Serubbabel, von dem es heißt, dass der Herr seinen Geist erregte. Das in seinem Fall eingesetzte Mittel war die Predigt der beiden Propheten Haggai und Sacharja. Manchmal erweckt Gott große Prediger, deren Aufgabe es zu sein scheint, Nationen zu erwecken. Das waren Whitfield und die Wesleys. So war Luther zur Zeit der Reformation, und so waren Haggai und Sacharja nach der Rückkehr der Gefangenen aus Babylon. Durch sie wurde das Feuer in der Seele Serubbabels entzündet. Ihre brennenden Worte erregten seinen Geist und er stürzte sich mit heiligem Eifer in den Dienst des Herrn.

Manchmal geschieht es durch das Beispiel und den Einfluss anderer, wie „Eisen durch Eisen geschärft wird". [78a] Nichts ist ansteckender als der Charakter. Jeder von uns ist von einer bestimmten Atmosphäre umgeben, und diese hat Einfluss auf alle, die uns nahe kommen. Der faule Mensch macht andere faul, der verdorbene Mensch macht andere verdorben; so gewinnt der heilige Mensch andere für die Heiligkeit, und der Mensch mit christlicher Begeisterung wird diejenigen begeistern, die mit ihm in Kontakt kommen.

Manchmal tut Er es, indem Er unser Nest aufwühlt. Das tat Er für Israel in Ägypten. Sie hatten begonnen, sich in ihrer Gefangenschaft zufrieden niederzulassen. Sie hatten ihre Fleischtöpfe, ihre Melonen und ihre Gurken und wollten nicht unruhig werden; also rührte Gott sie durch Unterdrückung auf. Dies ist der Vorgang, der in Moses' Lied beschrieben wird: „Wie ein Adler sein Nest aufwühlt." [78b] Die jungen Adler fühlen sich in ihrem Nest wohl und haben keine Lust, sich in das unerprobte Experiment des Fliegens zu stürzen. Also rührt der Vogelelternvogel das Nest auf und zwingt sie durch diese Bewegung zum Fortbewegen. Ist es bei uns nicht oft genau dasselbe? Wir sind so lieb zu unseren Nestern, so geneigt, uns ruhig niederzulassen und zu vergessen, was kommen wird. Also rührt Gott in seiner Barmherzigkeit das Nest auf. Das Herz ist traurig, aber gerade diese Erregung kann das von Gott bestimmte Instrument sein, um eine neue Hoffnung, ein neues Verlangen nach der Wiederkunft Christi und eine nie zuvor gekannte Abhängigkeit von seiner eigenen Gnade, Liebe und vollkommenen Genügsamkeit zu wecken.

Mit welchen Mitteln auch immer der Herr dies tut, wir dürfen niemals vergessen, dass es sein eigener göttlicher Akt der Barmherzigkeit und Gnade ist. Kein Anblick des Bösen, keine Predigt, kein Beispiel, keine Züchtigung kann das Ergebnis hervorbringen. Es ist Gott, der Heilige Geist, der den Geist bewegt.

II. Bedenken Sie, wie wichtig es ist, das treue Volk Gottes zu bewegen.

Man könnte meinen, das wahre und treue Volk Gottes bedürfe dessen nicht und werde von der zwingenden Macht der Liebe Christi unwiderstehlich angezogen. Aber das ist nicht die Lehre der Heiligen Schrift, und ich bin sicher, es ist auch nicht die Schlussfolgerung der Erfahrung. Wir dürfen nie vergessen, dass die klugen Jungfrauen schlafen gingen. Auch dürfen wir nicht die ergreifenden Worte aus den Augen verlieren, die der heilige Paulus an jene in Rom richtete, die er als „Geliebte Gottes und berufene Heilige" [79a] bezeichnete, als er im Hinblick auf die Wiederkunft Christi zu ihnen sagte: „Jetzt ist es höchste Zeit, vom Schlaf aufzustehen." [79b] Waren sie nicht, könnte man sagen, bereits vom Schlaf aufgeweckt worden? Waren sie nicht aus dem Todesschlaf erweckt und in Christus Jesus zu neuem Leben geführt worden? Wie sollte es dann für sie höchste Zeit sein, vom Schlaf aufzustehen? Waren sie nicht bereits die „Geliebten Gottes"?

Dies bringt uns nun genau zum Punkt, nämlich zu der großen Notwendigkeit göttlicher Erweckung, selbst für diejenigen, die bereits zu einem neuen Leben in Christus Jesus erweckt worden sind. Schlagen Sie das Hohelied Salomos auf, und Sie werden die ganze Sache erklärt finden. In Kapitel 5 wird beschrieben, wie der Bräutigam nachts nach Hause kommt, an die Tür seines Hauses klopft, die Braut drinnen ruft und sagt: „Tu mir auf!" [80] In welchem Gemütszustand ist sie nun, wenn sie sein Klopfen hört und seiner Stimme lauscht? „Ich schlafe, doch mein Herz wacht." Haben wir hier nicht die genaue Beschreibung des ganz gewöhnlichen christlichen Lebens? Wie viele schlafen noch, obwohl sie das Klopfen hören und ihr Herz wacht? Sie schlafen weder ganz noch sind sie ganz wach. Sie sind wach genug, um die Stimme zu hören, aber zu schläfrig, um darauf zu reagieren. Aber wir können mit diesem halben und halben Zustand nicht zufrieden sein. Die Braut im Hohelied Salomos brauchte so lange, um aufzuwachen, dass es zu spät war, als sie es schließlich tat. In Vers 6 erzählt sie ihre traurige, traurige Geschichte. „Ich öffnete meinem Geliebten, aber mein Geliebter hatte sich zurückgezogen und war fort." Sollte uns eine solche Beschreibung nicht alle aufrütteln? Man kann mit Recht sagen, dass Er an unserer eigenen Tür steht und klopft und ruft. Die Sünde wütet, der Irrtum breitet sich aus, das Elend ist allgegenwärtig, die Hölle füllt sich; aber Gott sei Dank rettet Jesus Christus, und sein auserwähltes Volk wird ruhig schlafen, seinen eigenen Komfort suchen und zufrieden dasitzen, wenn es nur die begründete Hoffnung hegen kann, dass die schwere Last seiner eigenen Sünde durch Sein kostbarstes Blut getilgt wurde. „Wir bitten Dich, o Herr, erwecke den Willen Deines treuen Volkes."

EIN BEREITGESTELLTER DIENST

„Wer ist nun bereit, heute seinen Dienst dem Herrn zu weihen?" – 1. CHRON . 29,5.

DER Anlass war sehr feierlich. Es war die letzte Handlung von Davids Herrschaft. Er hatte sich schon lange gewünscht, einen Tempel zur Ehre Gottes zu bauen, aber man erlaubte ihm nicht, seinen Wunsch zu erfüllen. Also sammelte er die notwendigen Materialien, und als er sich schließlich entschlossen hatte, zugunsten Salomons abzudanken, berief er eine Versammlung ein und erklärte Salomon, der noch jung und zart war, zu seinem Nachfolger. Dann übergab er ihm die Pläne, die er für den Tempel angefertigt hatte, und schloss mit einer feierlichen Beauftragung. [81]

Nachdem er damit die offizielle Angelegenheit seines Lebens beendet hatte, wandte sich der alte König an die Gemeinde. Lassen Sie uns in dieser Ansprache vier Dinge untersuchen; seine Frage, seine Danksagung, sein Gebet und sein letzter Appell.

SEINE FRAGE

Er erzählte ihnen, wie er starb und wie groß die Arbeit war, und stellte ihnen eine Frage, die jeder Gemeinde in jedem Zeitalter gut gestellt werden könnte: „Wer ist denn bereit, seinen Dienst heute dem Herrn zu weihen?"

Heutzutage hören wir sehr viel von Weihe. Die Idee der Weihe ist in der Kirche Gottes nichts Neues, und ich bin sicher, dass wir mehr von dem wahren Geist dieser Weihe in unseren eigenen Herzen haben wollen. Es gibt so etwas wie Weihe des Herzens und Weihe des Dienstes. Die Weihe des Herzens ist die Hingabe des ganzen Menschen mit seinen Gefühlen, Kräften und seinem starken Willen an den Herrn. Die Weihe des Dienstes ist die Hingabe all unserer aktiven Kräfte an sein Werk. Als David sagte: „Ich bin dein", [82a] war es die Weihe des Herzens, und als Jesaja sagte: „Hier bin ich, sende mich", [82b] war es die Weihe des Dienstes. Nun war es die Weihe des Dienstes, zu der David aufrief, und es ist diese praktische Weihe des Dienstes, auf die wir für die Arbeit in einer Gemeinde angewiesen sind. Wer ist bereit, seinen Dienst zu weihen? Ich kann nicht in die Geheimnisse der Herzen blicken, aber ich weiß, wer dazu bereit sein sollte – alle, die an die Worte unseres heiligen Erlösers glauben: „Für sie weihe ich mich selbst." [82c] Hat Er, der makellose Sohn Gottes, sich selbst geweiht, um das Sühneopfer für uns zu sein? Und wenn wir das glauben, können wir dann auch nur einen Augenblick daran zweifeln, wer es ist, der bereit sein sollte, Ihm seinen Dienst zu weihen? Erlöster Sünder, bist du es nicht? Begnadigter Gläubiger, bist du es nicht? Bist du bereit, Ihm zu Füßen zu fallen und zu sagen: „Hier bin ich, lass mich Dein sein. Hier ist mein Können, nutze es. Hier ist mein

Verstand, nutze ihn. Hier ist meine Redekunst, nutze sie. Hier ist mein Geld, nutze es. Hier ist alles, alles, was ich habe und alles, was ich bin, lass alles Dein sein und hilf mir, es zu Deiner Ehre einzusetzen"?

SEIN LOB

Davids Frage stieß auf willige Herzen und es gab eine wunderbare Antwort auf seinen Appell. Gold, Silber und Edelsteine wurden in die Schatzkammer geschüttet, und das bereitwillige Herz, mit dem alles getan wurde, war wunderschön. Dies geschah nicht widerwillig oder aus Notwendigkeit, sondern mit einem fröhlichen, freudigen und dankbaren Geist, so dass das Herz des alten Mannes erfreut war und „David, der König, jubelte mit großer Freude." [83a] Es war dieser freudige Geist, der sein Lob hervorrief. Als er das gesegnete Ergebnis seines Appells sah, führte er es nicht auf seinen persönlichen Einfluss oder seine eigene Überzeugungskraft zurück, sondern er stand auf und pries den Herrn. Er war zu alt für die Regierung, aber er war nicht zu alt für Lob. Seine letzten Worte vom Thron waren Lobpreis und Gebet. Seine Freude mündete direkt in der Danksagung, und in dieser Danksagung traten zwei Grundsätze hervor: Er schenkte Gott alle Ehre und erkannte an, dass er und sein Volk des heiligen Privilegs dieses glücklichen Gottesdienstes völlig unwürdig waren. Das ist die wahre Sichtweise von Dienst und Geschenken. Wenn Gott uns aufruft, für Ihn zu arbeiten oder für Ihn zu geben, sollten wir das nicht als eine Last betrachten, die uns auferlegt wird, sondern als eine Ehre, zu der wir eingeladen sind, eine Ehre, nach der sich die Engel selbst sehnen könnten. Dies war der Geist Davids, als er sagte: „Was bin ich und was ist mein Volk, dass wir in der Lage sein sollten, so bereitwillig etwas anzubieten?" denn alles ist von Dir gekommen, und von Deinem Eigentum haben wir Dir gegeben." [83b] Und dies sollte unser eigener Geist in allem Dienst und allen Gaben für einen solchen Herrn sein. Wir wollen es nicht als ein Joch, eine Notwendigkeit, eine schwere Aufgabe betrachten, die uns Gott auferlegt hat; sondern als eine Ehre, ein Privileg, einen glücklichen, liebevollen Dienst des Königs der Könige, dessen die Besten unter uns völlig unwürdig sind.

SEIN GEBET

Nach einer Weile mündete sein Lob in ein Gebet. Das ist genau so, wie es sein sollte, denn Lob sollte zum Gebet ermutigen, so wie Gebet immer zum Lob führen sollte. So sollte das liebende Herz von einem zum anderen hin und her gehen, und die beiden sollten so miteinander verschmelzen, dass der andere niemals außer Sichtweite sein sollte, wenn wir mit dem einen verlobt sind.

Beachten Sie das Gebet in Vers 18 und erinnern Sie sich an die Umstände. Es war ein Moment wunderbarer nationaler Begeisterung zu Beginn eines großen nationalen Werks. Ihre Herzen waren voller Freude und sie waren zu allem bereit. Was war nun die Gefahr? Was wäre die Gefahr für uns in unserer Zeit? Wäre es nicht Verfall, ein allmähliches Absterben unseres ersten Eifers, ein Abkühlen der ersten Liebe wie in Ephesus? [84] David betete also um Fortdauer oder Ausdauer. Kurz gesagt, er betete gegen den Abfall von ihrer ersten Liebe, denn sehen Sie sich seine Worte in Vers 18 an. Für „bereiten" ist die Randbemerkung „festigen". Und jetzt sehen Sie den Sinn des Gebets: „Bewahre dies für *immer* im Sinn der Gedanken des Herzens deines Volkes und *stärke* ihr Herz für dich." Welch einen Einblick gibt es sowohl in unsere Gefahr als auch in unsere Hoffnung. Es zeigt uns, wie sehr wir es brauchen, in unserer ersten Liebe lebendig gehalten zu werden, und lehrt uns, dass wir uns nicht auf die Vorrechte vergangener Erfahrungen oder die Tatsache vergangener Hingabe verlassen dürfen, sondern dass wir das fortwährende Wirken des Heiligen Geistes brauchen, um seine Gnade für immer in der Vorstellung der Gedanken unseres Herzens zu bewahren.

Und wo sollen wir diese Erhaltung suchen? Lernen wir nicht, dass unsere Herzen wie undichte Gefäße sind und dass der klügste, heiligste und freudigste Gläubige die tägliche Kraft des Heiligen Geistes benötigt, nicht nur um das Leck zu stoppen, sondern um das Gefäß zu füllen?

Der letzte Appell

Der alte Mann beendete sein Gebet. Darin sprach er allein. Er war sozusagen das Sprachrohr seines Volkes. Aber das war nicht genug. Es reichte nicht aus, dass er in ihrem Namen sprach, sondern sie mussten Gott für sich selbst preisen. Nachdem er nun im Gebetsraum vor Gottes Augen gestanden hatte, trat er gewissermaßen zur versammelten Menge heraus und sagte zu der großen Menge: „Segne nun den Herrn, deinen Gott." Lob war der Höhepunkt der Transaktion und Lob war der letzte Akt von Davids Herrschaft.

Möge nun der Geist dieses bemerkenswerten Tages unter uns sein. Verfolgen Sie ihn bis ins kleinste Detail, erinnern Sie sich an die Hingabe, die Großzügigkeit, die Freude, das Lob, das Gebet und den abschließenden Ausbruch der Gemeindeanbetung. Möge Gott uns denselben Geist einhauchen. Möge es dieselbe Hingabe des Dienstes, dieselben freiwilligen Gaben, dasselbe freudige Lob und dasselbe dankbare Gebet für ein heiliges Durchhaltevermögen bis zum Ende geben. Und zum Schluss möchte ich Ihnen nicht sagen, was David zur Gemeinde sagte: „Jetzt segne den Herrn, deinen Gott."

KEINE ANGST

„Fürchte dich nicht, denn ich bin mit dir. Sei nicht bestürzt, denn ich bin dein Gott. Ich stärke dich, ja, ich helfe dir, ja, ich stütze dich mit der rechten Hand meiner Gerechtigkeit." – JESAJA 41:10.

WENN wir beobachten, wie oft Gott zu uns sagt: „Fürchte dich nicht", können wir ziemlich sicher sein, dass es im alltäglichen Leben viele Gründe gibt, die Angst hervorrufen. Die häufige Wiederkehr der Ermahnung in allen Teilen der Heiligen Schrift lehrt uns, dass es in der gesamten Geschichte der Heiligen Schrift rund um Gottes Volk Dinge gegeben hat, die ohne die Hilfe des Herrn das Herz mit Sicherheit in Angst und Schrecken versetzt hätten.

Sie werden in unserem Text feststellen, dass Er uns keine Angst einflößt, nicht weil Er sich verpflichtet, alle Gefahren zu beseitigen. Er sagt, dass wir uns nicht zu fürchten brauchen, wenn Dinge auftauchen, die uns zu Recht beunruhigen könnten. „Fürchte dich nicht, *denn* ich bin bei dir" (beachte das „ *für* "). Wenn die Angst wirklich überwunden werden soll, muss der Blick auf Gott und seine Versprechen gerichtet bleiben.

Dieser Vers enthält zwei Zusicherungen und drei Versprechen; Zusicherungen dessen, was er jetzt für uns ist, und Versprechen dessen, was er für uns zu tun vornimmt.

DIE ZUSICHERUNGEN

„Ich bin bei dir." „Ich bin dein Gott." Es ist interessant zu beobachten, wie die verschiedenen Teile der Heiligen Schrift miteinander korrespondieren. Sie sind alle von einem Geist inspiriert und sprechen alle eine Wahrheit. Wenn ich mich also der abschließenden Beschreibung der Seligkeit des himmlischen Erbes zuwende, finde ich genau die gleiche Zusicherung: „Gott selbst wird mit ihnen sein und ihr Gott sein." [87] Er verspricht nicht, seinem Volk näher zu sein, nicht einmal in der himmlischen Ruhe, als er es jetzt zu sein behauptet, wenn wir uns mitten in unserem Kampf auf Erden befinden. *Dann* verspricht er, mit uns zu sein und unser Gott zu sein, und er versichert uns im Text, dass er auch *jetzt* noch derselbe ist .

Die Worte der Zusicherung „Ich bin bei dir" bedeuten sowohl Versöhnung als auch Kameradschaft. Versöhnung, denn Er ist nicht gegen uns, sondern mit uns. Nicht getrennt durch die Barriere unvergebener Sünden, sondern so vollständig versöhnt, dass das Gesetz erfüllt ist, dass jede Barriere für immer niedergerissen ist und Er ganz auf unserer Seite ist.

Kameradschaft, denn als versöhnter und liebender Vater verlässt er sein Kind keinen Augenblick, weder bei Nacht noch bei Tag, in Freude oder Trauer, bei aktiver Arbeit oder in stiller Unterwerfung, im Dienst zu Hause oder bei der fernen Missionsarbeit. Wo auch immer sein Volk ist und in welchen Umständen auch immer, er ist bei ihnen als ihr Vater, ihr Freund, ihr Gefährte, ihr Helfer, ihr Gott.

Denn Er sagt auch: „Ich bin dein Gott." Er ist nicht nur bei uns, sondern mit der ganzen Allmacht Gottes bei uns. Ein irdischer Freund kann uns vielleicht nicht helfen; aber wenn er als unser Gott bei uns ist, wird er niemals versagen. Wenn er sagt: „Ich bin dein Gott", meint er deutlich, dass er uns zu seinem Volk erwählt hat, zu einem ihm eigenen Volk; und dass er, nachdem er dies getan hat, in unserem Namen als Gott handelt, indem er regiert, führt, bewahrt, rettet und schließlich zu seiner eigenen Gegenwart in seinem Königreich versammelt.

DIE VERSPRECHEN

(1) „Ich werde dich stärken."

In welche Lage auch immer Er uns bringt, dafür verpflichtet Er sich, uns die nötige Kraft zu geben. Wenn Er uns auffordert, still zu sein und zu leiden, wird Er uns Kraft zum Leiden geben; wenn wir in Seinem Namen hinausgehen und in Seinem Dienst arbeiten, wird Er uns Kraft zum Handeln geben; und im Heiligen Kampf, den wir alle mit der innewohnenden Sünde führen sollen, wird Er uns Kraft zum Überwinden geben. Und Sie müssen beachten, dass Er, wenn Er verspricht, uns zu stärken, eine verliehene Macht beschreibt. Er spricht nicht von Sich selbst, als würde Er äußerlich für Sie handeln, wie wenn Er Sie für gerecht erklärt, sondern von Sich selbst, indem Er Ihnen in Ihrem Inneren Kraft verleiht und Sie so befähigt, für Ihn zu handeln. Das Versprechen Gottes in der Heiligen Schrift ist, dass Er uns stärken wird, oder, mit anderen Worten, dass Er uns in Seinem Dienst Handlungsmacht verleihen wird.

(2) „Ich werde dir helfen."

Die gleiche Lektion in Bezug auf die Aktivität des Menschen wird gelehrt, wenn er verspricht, zu helfen. Es gibt einen großen Unterschied zwischen Stärken und Helfen. Stärken ist eine innere Arbeit, die Gabe einer inneren Kraft. Helfen ist eine externe Arbeit. Ich kann einem Lahmen vielleicht beim Gehen helfen, obwohl ich seine Gliedmaßen nicht stärken kann. Aber Hilfe setzt Aktivität seitens derjenigen voraus, die sie erhalten. Gott hilft uns nicht, nichts zu tun. Er hilft uns, geduldig, liebevoll, sanft und gutmütig zu sein. Er hilft uns, fleißig und aktiv in seinem Dienst zu sein; aber er hilft uns nicht, still zu sitzen und passiv zu sein. Hilfe bedeutet Anstrengung. Wenn Er uns durch den Heiligen Geist im inneren Menschen stärkt und sich verpflichtet, uns in jedem Kampf gegen die Sünde zu helfen, ist es unser Privileg, sein Versprechen anzunehmen und siegessicher weiterzumachen.

(3) „Ich werde dich unterstützen."

Diese Worte scheinen den Gedanken der Gefahr zu vermitteln. Wir gehen auf schlüpfrigem Boden, und überall besteht die Gefahr, dass wir hinfallen könnten, so dass wir nicht nur einen klaren Blick brauchen, der uns leitet, sondern auch eine starke Hand, die uns hält. Bei jedem Schritt unseres Weges müssen wir gestützt werden. In jedem Augenblick unseres Lebens müssen wir von jemandem gehalten werden, der alle unsere Gefahren erkennt, der den Weg ganz genau kennt, der uns mit so festem Griff festhalten kann, dass nichts uns aus seiner Hand reißen kann, und der, um es mit den Worten des hl. Judas auszudrücken, „imstande ist, uns vor dem Fallen zu bewahren." [89a]

Diese ewige und endgültige Bewahrung wird uns in der dritten Verheißung zugesichert. Und ich möchte Sie ganz besonders darauf hinweisen, dass dies nicht mit der rechten Hand seiner Barmherzigkeit geschieht, nicht mit der rechten Hand seiner Liebe, seines Mitleids oder gar seiner Macht, sondern mit der rechten Hand seiner Gerechtigkeit. Und warum ist das so? Weil diese Gnade das Ergebnis des Bundes ist. Durch diesen Bund wird sein Volk dem Herrn Jesus übergeben, damit es gerettet wird. In Erfüllung dieses Bundes hat er sein eigenes kostbarstes Blut für uns vergossen, um unsere Sünden zu sühnen. Und das Ergebnis ist, dass er, wie er nach Johannes „treu und gerecht ist, dass er uns unsere Sünden vergibt", [89b] auch treu und gerecht ist, dass er uns vor dem Fall bewahrt.

Aber ich weiß, hier wird eine Frage auftauchen. Dies ist Gottes Versprechen, aber wird es jemals erfüllt? In der Heiligen Schrift ist es sehr schön, aber begegnen wir ihm im praktischen Leben? Werden diese Gaben Gottes wirklich gewährt? Wird diese Gegenwart Gottes wirklich gezeigt? Wird diese stützende Kraft wirklich erfahren? Lassen Sie uns diese fünf Punkte betrachten und sehen.

„Ich bin mit dir." Ist dies auch praktisch erfahren worden? Betrachten wir die Worte Davids in der Erwartung seiner letzten Stunde: „Du bist mit mir" [90a] und auch: „O Gott, du bist mein Gott." [90b]

„Ich werde dich stärken." Erinnert ihr euch, wie Daniel die Erfüllung dieses Wortes erkannte, als er sagte: „Lass meinen Herrn reden, denn du hast mich gestärkt." [90c]

„Ich helfe dir." Erinnere dich an die Worte Davids: „Mein Herz vertraute auf Ihn, und mir wurde geholfen." [90d]

„Ich werde dich stützen." Aber wird Er uns wirklich in Prüfungen und Versuchungen stützen? Wird Er uns wirklich fest in der rechten Hand Seiner Gerechtigkeit halten, und das, wenn unser Glaube schwach ist? Betrachten wir Asaphs Erfahrung. Er sagt von sich selbst: „Meine Füße aber waren fast wankend, meine Schritte beinahe ausgewichen." [90e] Aber nun schaue auf den stützenden Arm. „Dennoch bin ich stets bei dir; du hältst mich an meiner rechten Hand." [90f] Dieses Versprechen hat sich also praktisch erfüllt. Gott ist Seinem Wort treu geblieben, und die Menschen haben Ihn so gefunden. Seine Wahrheit hat nie versagt, und wird Er uns im Stich lassen? Wird Er die Schwächsten unter uns im Stich lassen? Wird Er aufhören, Sein Volk zu stützen? Lasst uns Ihm vertrauen. Wir sind es nicht wert, dies zu tun. Wenn Er uns behandelt hätte, wie wir es verdient haben, hätte Er uns schon längst verstoßen. Aber Er hat uns nicht behandelt, wie wir es verdient haben. Er hat uns geliebt und uns mit seinem eigenen Blut von unseren Sünden reingewaschen, daher können wir ihm vertrauen und alles seiner Obhut überlassen. Und wir können vollkommen sicher sein, dass sein starker Arm niemals nachgeben wird.

GEGENWART UND ZUKUNFT

„Du bereitest vor mir einen Tisch im Angesicht meiner Feinde. Du salbst mein Haupt mit Öl, mein Becher fließt über.

„Güte und Gnade werden mir folgen mein Leben lang, und ich werde bleiben im Hause des Herrn immerdar." – PSALM 23, 5–6.

ES ist eine sehr erfreuliche Sache, „Sicher" sagen zu können, wenn wir nach vorne blicken. Diese Gewissheit für die Zukunft hängt nun von unserer gegenwärtigen Beziehung zu Gott ab, und das in Vers 6 zum Ausdruck gebrachte Vertrauen ist das gesegnete Ergebnis der unaussprechlich kostbaren Gaben, die in den früheren Versen des Psalms beschrieben wurden. Es hängt von der Verbindung zwischen Gegenwart und Zukunft ab, die sich aus der Unveränderlichkeit des Charakters Gottes ergibt. Um den letzten Vers zu verstehen, der sich auf die Zukunft bezieht, wollen wir uns daher mit dem vorhergehenden Vers befassen, der die Gegenwart beschreibt. Auf diese Weise können wir Gegenwart und Zukunft verbinden, und ich denke, das Ergebnis wird das sein, was unsere Kirche als „sichere und sichere Hoffnung" bezeichnet.

DAS GESCHENK

Wie ich gerade gesagt habe, hängt unser Vertrauen in die Zukunft von unserer gegenwärtigen Beziehung zu Gott ab. Daher beginnt der Psalm mit den Worten: „Der Herr ist mein Hirte." Die heilige Beziehung zwischen dem Hirten und der Herde wird als bereits etabliert beschrieben und von beiden Seiten anerkannt, und alles, was folgt, ist das Ergebnis dieser Beziehung. Wir haben nicht die Zeit, den ganzen Psalm zu studieren. Sehen wir uns jedoch die drei Ergebnisse an, die uns in Vers 5 gelehrt werden.

I. ALLE WÜNSCHE WERDEN ERFÜLLT.

Selbst wenn es Feinde gibt, können sie die volle und sichere Versorgung, die Gott seinem Diener gewährt, nicht beeinträchtigen. Wenn er das Ende seiner Reise erreicht, wird er feststellen, dass der Herr einen Ort für seine Ruhe vorbereitet hat; und jetzt, da er mittendrin ist, kann er sich darüber freuen, dass derselbe hochgelobte Erlöser einen Tisch für seine tägliche Versorgung vorbereitet hat.

Dies bezieht sich zweifellos auf unsere täglichen Bedürfnisse und beschreibt die Erfüllung unserer Bitte im Vaterunser. Wir beten Tag für Tag: „Gib uns heute unser tägliches Brot." und wenn wir wirklich in den Geist dieses Psalms eintauchen, sagen wir sozusagen, dass das Gebet erhört, das Brot bereitgestellt und der Tisch gedeckt ist.

Und dürfen wir es nicht noch mehr auf das Brot des Lebens anwenden? Ist es nicht unser heiliges Vorrecht, uns sogar von Ihm zu ernähren, wenn die Seele hungert? wenn die Seele durstig ist, vom reinen Strom des Wassers des Lebens zu trinken? Und gibt es nicht viele unter uns, die aus eigener Erfahrung wissen, dass die Verheißung wahr ist: „Sie werden reichlich gesättigt sein?" [92]

II. DER GEIST WIRD ERFRISCHT .

Dies wird durch die Worte gelehrt: „Du salbst mein Haupt mit Öl." Die Worte beziehen sich auf den Brauch, den müden Mann mit Salbe oder Öl zu salben. Manchmal wurde es auf die Füße und manchmal auf das Haupt gegossen. Der Zweck war in beiden Fällen derselbe, nämlich Erfrischung; und sicherlich müssen wir dankbar anerkennen, dass unser himmlischer Vater uns nicht nur die bloßen Notwendigkeiten des Lebens gibt, sondern auch den Geist erweicht, erfrischt und erfreut. Er bereitet nicht nur den Tisch, sondern auch die Freude. „Er gibt uns alles reichlich, damit wir es genießen können." [93a]

III. DAS FASS LÄUFT ÜBER .

Die Barmherzigkeit ist so reichhaltig, die Gnade so reichlich, die liebende Güte so großzügig, die lebendige Quelle so frei, dass der kleine Becher menschlicher Kapazität nicht alles fassen kann und er überläuft. Gott beschreibt sein Volk nicht nur als zufrieden, sondern als überaus zufrieden; und spricht davon, dass der Heilige Geist nicht nur geschenkt, sondern „reichlich über uns ausgegossen" wird. [93b] Warum geben wir uns dann mit etwas Wasser zufrieden, das am Boden unseres kleinen Bechers kaum wahrnehmbar ist? Stephanus war „voll des Glaubens und des Heiligen Geistes" [93c] , und uns wird gesagt, dass wir „vom Geist erfüllt" seien; [93d] Warum sollten wir uns dann mit nur wenigen Tropfen in unserer eigenen Seele zufrieden geben, während der tiefe, breite Fluss des Wassers des Lebens in der Lage ist, jedes Gefäß, das sich finden lässt, um die kostenlose Versorgung aufzunehmen, bis zum Überlaufen zu füllen? Warum erkennen wir nicht mehr die Wahrheit der Verheißung: „Öffne deinen Mund weit, und ich werde ihn füllen"? [93e]

So viel also zum jetzigen Zeitpunkt. Ein gedeckter Tisch, ein gesalbter Kopf, ein überlaufender Kelch. Dies sind gegenwärtige Gaben – die gegenwärtigen und unbeschreiblichen Privilegien derer, deren Freude es ist, sagen zu können: „Der Herr ist mein Hirte."

DIE ZUKUNFT

Gehen wir weiter in die Zukunft, wie in Vers 6 gelehrt. Wir können zwei Dinge beobachten:

I. Die Gewissheit .

„Wahrlich, Güte und Barmherzigkeit werden mir folgen mein ganzes Leben lang." Die Idee scheint zu sein, dass in der Poesie dieses schönen Psalms Güte und Barmherzigkeit als zwei Personen dargestellt werden, so wie wir zuerst Barmherzigkeit und Wahrheit als zwei Personen finden, die sich in Christus Jesus begegnen, und dann Gerechtigkeit und Frieden, zwei weitere Menschen, die sich in Ihm küssen. [94a] Hier haben wir also die beiden Personen: die Güte, die Trägerin jeder Gabe, die möglicherweise verlangt werden kann, und die Barmherzigkeit, die selbst mit der Sünde äußerst gnädig umgeht; Die beiden folgen dem Diener des Herrn und verlassen ihn nie ganz. Und Sie können beobachten, dass sie ihm *folgen* , so dass er sie nicht immer sieht und möglicherweise nicht einmal weiß, dass sie da sind. Er mag sich manchmal einbilden, er sei verlassen und allein, aber er irrt sich seltsamerweise, denn Güte und Barmherzigkeit liegen dicht hintereinander, die eine, um seine Bedürfnisse zu stillen, und die andere, um selbst mit seiner Sünde gnädig umzugehen.

Wenn wir in Christus Jesus sind, können wir der Zukunft ebenso sicher sein wie der Vergangenheit. Wir können der Wahrheit der Worte des Guten Hirten vollkommen gewiss sein: „Sie werden niemals umkommen, und niemand wird sie aus meiner Hand reißen." [94b] Dieses Versprechen ist so sicher, dass es niemals scheitern kann, diese Hand ist so stark, dass alle Mächte der Hölle nicht einmal das schwächste Kind aus ihrem Griff reißen können, dieses Herz ist so wahr, dass wir vollkommen sicher sein können, dass Er jemanden, den Er durch den Heiligen Geist in seine Gemeinschaft gerufen hat, niemals im Stich lassen wird.

II. Die Bestimmung .

„Ich werde im Hause des Herrn wohnen für immer." David erfreute sich am Hause Gottes, und wir müssen diese Worte eindeutig so interpretieren, dass sie sich auf die heilige Anbetung des Heiligtums beziehen. Doch um den vollen Geist dieser Passage zu erfassen, müssen wir uns von der Kirche auf Erden zum Heiligtum im Himmel erheben, zur himmlischen Heimat und dem Anwesenheitsgemach Gottes. Dort ist tatsächlich der Tisch gedeckt, dort steht das Salböl, dort fließt der Becher über; und nun, während des Restes unserer Pilgerfahrt, obwohl die Reise möglicherweise durch das Tal von Baca [95a] führen mag, obwohl die Seele manchmal gebeugt sein mag, und selbst wenn das Herz unbeweglich ist, können wir doch inmitten von alledem und durch alledem in enger Vertrautheit mit Ihm leben. Wir können ruhig in Seiner Liebe ruhen, wir können in Ihm wohnen und Er in uns; Und während Er die gnädige Verheißung gibt: „Wer zu Mir kommt, den werde Ich nicht *hinausstoßen* ", [95b] können wir, mit Gottes Hilfe, beschließen, niemals hinauszugehen *und* bis zum letzten Tag unseres Lebens fest zu Ihm zu halten, bis schließlich der Schleier gelüftet wird und sich die himmlische Heimat vor uns öffnet und wir im höchstmöglichen Sinne erkennen, was es heißt, „für immer im Hause des Herrn zu wohnen".

DAS ENDE

Fußnoten

[5] 2. Sam. xii. 13.

[6] Psalm 37: li. 13.

[7] Psalm 37: Kapitel 48. 14.

[8a] 2. Mose 3:17. xv. 1.

[8b] Psalm 41,2–3.

[8c] Offenbarung des Johannes, 7:10, 14.

[8d] Jesaja 5,18.

[9a] Psalm 34:15. cxliii. 9.

[9b] Apostelgeschichte 16, 25, RV

[13] Lukas 19, 10.

[15] Offenbarung 22, 17.

[17] 2. Petrus 1,3.

[18a] 2. Petrus 1,3.

[18b] Johannes 10, 28.

[20a] Röm. 3, 25.

[20b] 2. Kor. 5, 21.

[20c] 1. Kor. 1, 30.

[20d] Johannes 5, 28.

[21] Judas 3.

[26] Eph. ii. 4, 5.

[27a] Gal. V. 22.

[27b] Röm. 15, 13.

[28a] 2. Kor. V. 1.

[28b] Lukas 2, 26.

[29a] Phil. ich. 23.

[29b] 2. Tim. 4,6.

[30a] Phil. I, 23.

[30b] 2. Tim. 1, 12.

[31a] Psalm 23,4.

[31b] Lukas 19, 9.

[32a] 1. Petrus 1,8.

[32b] Nummer 4. xxiv. 17.

[34a] Jesaja 32,2.

[34b] Psalm 37: xxxii. 7.

[34c] Spalte 3, 3.

[34d] 1. Johannes, V. 12.

[35] Gal. ii. 20.

[37] 2. Kor. V. 15.

[38] Johannes 1, 26.

[39a] Johannes 3, 34.

[39b] Spalte 2. 9.

[39c] Apostelgeschichte 10, 38.

[40] Apostelgeschichte 2, 3 und 4.

[41a] Phil. 4, 19.

[41b] Hiob 42,6.

[42] Hebr. X. 20.

[44a] Apostelgeschichte 13, 34.

[44b] Johannes 18, 37.

[44c] Offenbarung, 1,5.

[44d] Psalm 35,3.

[45a] 1. Johannes, V. 10.

[45b] Johannes 10, 3.

[45c] Jesaja 44,10.

[46a] Jesaja 42,16.

[46b] Psalm 37: XXXII. 3.

[46c] Psalm 119, 117.

[46d] Psalm 25,4.

[47a] Psalm 23,4.

[47b] Eph. 1, 22.

[47c] Offenbarung 17, 14.

[48a] Offenbarung 17. 14.

[48b] Apostelgeschichte 9, 6.

[51] Neh. iv, 6.

[52a] Neh. iv. 4.

[52b] Matthäus 26,41.

[53] Neh. iv, 15.

[55a] 2. Petrus 3, 18.

[55b] Röm. 4, 24 und 25.

[56] Röm. xi. 20.

[59a] Apostelgeschichte 13,2.

[59b] Eph. 4, 16.

[60a] 1. Sam. iii. 19.

[60b] Mal. iii. 17.

[60c] Ps. cxxvii. 1.

[61] Eph. ii. 10.

[63a] Jes. xxviii. 16.

[63b] 1. Johannes IV. 16.

[64] Hebr. xiii. 8.

[65a] Psa. lxiii. 1.

[65b] Sam. xvii. 37.

[66] 1 Thess. iv. 13, 14.

[67a] 1 Thess. iv. 17.

[67b] Phil. iv. 4, 5.

[67c] 1 Kor. vii. 29.

[68a] Röm. xiii. 11.

[68b] St. Matt. xxv. 6.

[68c] Lukas Xxi. 25.

[69a] Lukas xxi. 26.

[69b] Lukas xxi. 28.

[69c] Lukas xxi. 27.

[71] Hebr. X. 20.

[72a] Eph. ii. 14.

[72b] Apostelgeschichte xiii. 7.

[72c] Apostelgeschichte xiv. 1.

[73] Apostelgeschichte xiii. 52.

[74a] Apostelgeschichte xv. 4–12.

[74b] St. Matt. xxviii. 20.

[74c] Apostelgeschichte xvi. 14.

[75] 1 Kor. iii. 6.

[76a] Apostelgeschichte xii. 7.

[76b] Jesaja 64,7.

[77a] Phil. ii. 12.

[77b] Apostelgeschichte 17, 16.

[78a] Spr. 27, 17.

[78b] Deuteronomium 32:11.

[79a] Röm. 1, 7.

[79b] Röm. 13, 11.

[80] Cant v. 2.

[81] 1. Chron. 28, 20.

[82a] Psalm 37: cxix. 94.

[82b] Jesaja 6,8.

[82c] Johannes 17, 19, Randnr.

[83a] 1. Chron. 29,9.

[83b] 1. Chron. 29,14.

[84] Rev. ii. 4.

[87] Rev. xxi. 3.

[89a] St. Judas 24.

[89b] 1. Johannes i. 9.

[90a] Psa. xxiii. 4.

[90b] Psa. lxiii. 1.

[90c] Dan. X. 19.

[90d] Psa. xxviii. 7.

[90e] Psa. lxxiii. 2.

[90f] Psa. lxxiii. 23.

[92] Psa. xxxvi. 8.

[93a] 1 Tim. vi. 17.

[93b] Titus III. 6.

[93c] Apostelgeschichte vi. 5.

[93d] Eph. V. 18.

[93e] Psalm 34:1. lxxxi. 10.

[94a] Psalm 37: lxxxv. 10.

[94b] Johannes 10, 28.

[95a] Psalm 634,6; Vgl. RV

[95b] Johannes 6, 37.